NA ROTA DO CONGRESSO

E OUTRAS MEMÓRIAS

Alcir Pimenta

NA ROTA DO CONGRESSO
E OUTRAS MEMÓRIAS

1ª Edição
POD

KBR
Petrópolis
2014

Coordenação editorial **Noga Sklar**
Revisão de texto **Flávia Peixoto**
Editoração **KBR**
Capa **KBR**
Foto do autor **Helcio Peynado**

Copyright © 2014 *Alcir Pimenta*
Todos os direitos reservados ao autor.

ISBN 978-85-8180-311-1

KBR Editora Digital Ltda.
www.kbrdigital.com.br
www.facebook.com/kbrdigital
atendimento@kbrdigital.com.br
55|24|2222.3491

LCO010000 - Crônicas

Nota do Editor: estas crônicas foram escritas durante o período em que Alcir Pimenta exerceu seu mandato em Brasília. Para fins de melhor entendimento e leveza, algumas alterações e adaptações foram feitas com o consentimento do autor.

Alcir Pimenta é professor de Língua Portuguesa e Literatura. Foi Deputado Federal pelo MDB/PMDB do Rio de Janeiro, de 1971 a 1983; vice-presidente da Comissão de Educação e Cultura; da Comissão de Redação e da Comissão de Trabalho e Legislação Social da Câmara dos Deputados. É autor da lei do estágio profissional nas empresas para estudantes de nível superior e alunos de escolas técnicas e cursos profissionalizantes (Lei 6.494, de 7/12/77) e da regulamentação da profissão de propagandista de produtos farmacêuticos (Lei 6.224, de 14/7/75). Cronista, contista, poeta e orador, publicou 12 livros, dentre os quais *Discursos Parlamentares* e *A arte de governar*.

E-mail do autor: alcirpimenta@bol.com.br

Para Claudionor da Costa Pimenta e Abigail de Melo
Pimenta, meus pais, sob cuja inspiração e desvelo
acalentei, desde menino, o sonho de participar utilmente
da vida pública, em termos nacionais, com a imperecível
gratidão de quem talvez não tenha sabido estar à altura
do muito que recebeu.

Sumário

Prefácio • 11

Apresentação • 13

Um estagiário na política • 15

Governar é ir à feira • 17

A morte do guerreiro • 21

Austrália e China na rota do Congresso • 25

Brasília e o Brasil de JK • 41

Carnaval e Constituinte • 47

Marcello Alencar contra Garotinho • 51

Ulysses também coloriu • 55

Em honra de Amaral Peixoto • 59

Figueiredo x Aureliano Chaves • 63

Funerais de Gonzaga da Gama • 67

Guaraná e álcool na Fórmula 1 • 71

Guaratiba • 75

A dama de ouro • 79

Elegia para Helton Veloso • 83

Inflação no Maracanã • 89

Natal da Portela • 93

O exercício da vida pública • 97

O jornalismo sem Drummond • 101

Os compromissos da oposição • 105

Uma pedra no caminho de Drummond • 109

PMDB: Unidade ou derrota • 113

Poder econômico e Constituinte • 117

Recado para Carlos Castello Branco • 121

A crise moral • 125
Sílvio Santos vem aí? • 129
Tancredo e a oratória • 133
Testemunha de libertação • 137
Em memória de Moacyr Bastos • 141
Uma boa ideia • 145
Crucificação • 149
Por que *demoraes*? • 153
Tributo a Porto Filho • 157
O vereador e a comunidade • 161
Camões e a plenitude democrática • 165
Relógio de estimação • 169

PREFÁCIO

Conheço Alcir Pimenta por duas vertentes igualmente importantes: o professor dedicado e querido dos seus alunos e o político meticuloso, afeiçoado às questões essenciais da educação brasileira. Agora, estou diante de uma terceira vertente: de forma competente e sensível, Alcir Pimenta revela-se um inspirado escritor, navegando pela crônica com a mesma e agradável desenvoltura.

Há um fino humor em seu trabalho, com uma série de jogos de palavras em que se embute, curiosamente, uma forte dose de ironia ou sarcasmo, arma terrível de que se valem os escritores para deixar subentendida crítica mais áspera.

Há referências ao seu trabalho de político, defensor indormido da Zona Oeste carioca, que se fez seu reduto e sua moradia. O bairro de Campo Grande lhe deve muito em dedicação e presença. Lembranças também de Juscelino Kubitschek, Tancredo Neves, Aureliano Chaves, Ulysses Guimarães, Amaral Peixoto — num apanhado atraente do que essas personalidades representaram para a cena política brasileira. Sem contar necrológios antológicos, como o que homenageia a memória do educador Moacyr Bastos, autor de uma grande obra educacional em Campo Grande, felizmente continuada por seus herdeiros.

Gostei da crônica sobre a entrada de Carlos Castello Branco na Academia Brasileira de Letras. Certamente, antes de partir para a eternidade, o que ocorreu precocemente, o nosso Castellinho há de ter apreciado o Alcir em *A Arte de Governar*, prefaciado por Tancredo Neves, coletânea de crônicas políticas de muito valor literário, como pude mais tarde registrar.

Eis, pois, mais uma vez, o cronista Alcir Pimenta, homem atuante, dedicado, que se autointitula "um pobre vate sem musa", mas que faz do Brasil a sua grande e permanente fonte de inspiração.

Arnaldo Niskier
Academia Brasileira de Letras

APRESENTAÇÃO

Todos conhecem a vida política de Alcir Pimenta. Seu desempenho excelente em Brasília, seus discursos e projetos, e sua participação ativa na comunidade, lhe possibilitaram a grande honra de ser reconduzido ao Congresso Nacional, elegendo-se para três legislaturas, completando com brilho, até 1983, um período de 12 anos de representação popular. Trata-se agora de considerar o desenvolvimento de sua vocação literária, desde cedo revelada, inclusive no jornalismo, em colunas, crônicas e editoriais. Este livro comprova que o talento de escritor não é o menor dos atributos múltiplos do professor Alcir Pimenta. O que não surpreende, pois ele é um magnífico mestre de Língua Portuguesa, que escreve com correção apuradíssima, e fala como escreve. Seus dons de exímio orador são sua característica marcante. É empolgante ouvi-lo em improvisos inspirados, em qualquer lugar ou circunstância, sempre num português exemplar — colhido no convívio dos clássicos da Literatura —, a linguagem nobre e clara, fluente e fácil, mas naturalmente elaborada, em que a complexidade dos pensamentos encontra sempre, e de imediato, a forma vernácula precisa, correta e eloquente. Para os que admiram a Arte da Palavra, Alcir Pimenta, por tantos títulos sempre lembrado, será lembrado sempre pelos discursos, pela espontânea e altiva eloquência, fértil, majestosa e bela como a linda terra guaratibana que o viu nascer.

Dilson de Alvarenga Menezes
Médico, escritor e ex-Deputado Estadual

UM ESTAGIÁRIO NA POLÍTICA

Deputado Federal por três mandatos consecutivos, de 1971 a 1983, pela legenda MDB/ PMDB do Rio de Janeiro, estreando vitoriosamente na política partidária, figurava Alcir Pimenta entre os "moderados" do partido, em contraposição ao grupo dito "autêntico", que fazia oposição ideológica, intransigente. Essa distinção entre autênticos e moderados era meramente convencional, criada por um grupo de parlamentares, e logo adotada pela imprensa, talvez para gerar comparações e instigar ações mais vigorosas contra o governo.

É que, modesto professor, eleito de forma surpreendente e espetacular, derrotando velhas lideranças cariocas, especialmente da antiga Zona Rural, hoje Zona Oeste, entendeu o parlamentar que seria muito mais proveitoso para a população que ele fizesse uma política reivindicativa, sem capitular, mas sem afrontar o Executivo, de cuja atuação a comunidade tanto carecia. Além disso, cabia-lhe o privilégio de ter sido, até então, o deputado mais votado da comunidade. Era preciso, pois, corresponder plenamente, com realizações palpáveis em prol da região — o que jamais aconteceria se vivesse a apedrejar o governo. Partiu então o estreante para a crítica serena, fundamentada e reivindicatória, sem exageros, o que, aliás, frutificou, garantindo-lhe as reeleições. Basta dizer que ele é autor da Lei 6.494, de 7 de dezembro de 1977, que possibilitou o estágio profissional nas empresas para estudantes de nível universitário e alunos de escolas técnicas e de cursos profissionalizantes, sendo ainda autor do substitutivo que regulamentou a profissão de propagandista de produtos farmacêuticos, Lei 6.224, de 14 de julho de 1975. Levou, ainda, outros benefícios para a Zona Oeste, entre os quais escolas profissionalizantes, postos médicos e a repetidora de televisão da serra do Mendanha.

Ocasiões houve, porém, em que se viu compelido a produzir, na imprensa, críticas severas — às vezes até irônicas, mas nunca desrespeitosas —, o que se dava por meio de crônicas para serem lidas nas entrelinhas, afirmando, por vezes, o oposto do que ocorria, tal o caso da visita do presidente Figueiredo a uma feira em São Paulo, a um bar, e ao Maracanã, no Rio, a perda de um relógio na Bahia, bem como do seu relacionamento com o vice-presidente Aureliano Chaves. Outras há sobre fatos e personalidades com os quais conviveu, antes, durante e depois dos mandatos, ora entregues à argúcia e à memória do leitor. Tais textos refletem, pois, um dos momentos mais conturbados da vida nacional, coincidindo com um período em que a Zona Oeste do Rio de Janeiro se fez representar na Câmara dos Deputados. No dizer de Machado de Assis, "são pensamentos idos e vividos".

Renato Reis
Jornalista

Governar é ir à feira

Como estivesse preocupado com a crise nacional, responsável que sou por família numerosa, não hesitei: meti uma roupa esporte e fui à feira. Não para fazer compras, é claro, mas para detectar, *in loco*, como dizem os ministros, as razões das dificuldades por que passamos. Seria por demais vulgar sair por aí a comprar quiabos e batatas só para saber a que preços estão sendo vendidos. Meu propósito era outro, nobre e eficaz. Queria conversar pessoalmente com um barraqueiro, apertar-lhe a mão, examinar-lhe as vestes, penetrar-lhe a consciência, olhando-o cara a cara, desvendando-lhe possíveis intenções desonestas. Não era, portanto, uma missão qualquer, ao alcance de qualquer um. Era, assim o creio, uma sondagem profunda, a exigir, além da minha costumeira discrição, conhecimentos maiores de psicologia e sociologia, rudimentos de microeconomia, algum latim (certos nomes de leguminosas vêm daí), experiência e gosto em lidar com o público e, sobretudo, aquela minha proverbial franqueza que a vovó tanto admira.

Não devendo, por modéstia e estratégia, tornar pública a minha iniciativa, limitei ao âmbito familiar a troca de ideias, na véspera, sobre tão transcendental averiguação. Foi então que as opiniões se dividiram: uns acharam que eu estava brincando e levaram o assunto com ironia, enquanto outros, talvez intimidados pelo respeito que me devem, ou por temerem qualquer represália, aplaudiram a medida, fazendo até sugestões.

Animado com a relativa receptividade (pra que mais?), acatei algumas ponderações e fui. Não pense, porém, que escolhi uma feira longínqua. Não, senhor. Afinal, o governo vem recomendando economia de combustível e moderação nas despesas supérfluas. Havendo feira no meu próprio bairro, nada justificaria deslocamento a grande distância. Nem os amigos todos atrás de mim.

Confundido com a multidão que se acotovelava, de guarda-chuva aberto e bolsas pesadas, fui chegando mansamente, discretamente. Não levei repórter nem fotógrafo. Entrei sozinho, olhando aqui e acolá, examinando tudo, sem parecer que examinava. Vi, então, coisas horrendas sobre as quais pretendo meditar, buscando uma conclusão esclarecedora. Vi um pé de alface vendido a quatro cruzeiros, o que me levou à certeza, depois de certa reflexão, de que alguém estava roubando no preço, já que o produtor o vende a um cruzeiro. Mas não foi uma conclusão definitiva. Não querendo praticar injustiças, deixei o caso para análise posterior.

Vi o preço do feijão, da carne, do arroz, da farinha, das frutas e dos legumes, e me espantei. Jamais poderia imaginar que essas coisas custassem tão caro em país eminentemente agrícola. Associando fatos e situações, descobri o motivo pelo qual algumas pessoas andavam de um lado para outro, cabisbaixas, consultando preços, mas não comprando nada. É possível que não tivessem dinheiro suficiente, fato que não anotei no meu caderninho com escudo do Fluminense para não levantar suspeitas aos circunstantes, mas registrei mentalmente. Vi galinhas e ovos fora da tabela. Posso dizer, porque vi. Vi peixe pela hora da morte. Vi a promiscuidade imperando, carne exposta às moscas e depois embrulhada, por mãos imundas, em jornal. Vi roubarem no peso e no troco, vi senhoras ficando sem as carteiras, vi a mesma mercadoria a preços bem diferentes, vi um polícia prender e arrebentar um rapazola magro e faminto que tirara uma fruta num tabuleiro também sem licença. Vi, enfim, muita coisa que ignorava. Mas não concluí nada definitivamente.

Uma coisa, porém, não me surpreendeu: o preço do chuchu. Já tido e havido com justiça como responsável exclusivo pelo ritmo galopante da inflação, esse produto deveria ser retirado da feira, destinando-se exclusivamente ao fabrico da marmelada. Ou será que ninguém vê isso? Onde estão os órgãos governamentais que não enxergam coisas tão gritantes?

Finalmente, depois de horas e horas de inspeção sigilosa, conversei francamente, como de costume, com alguns fregueses. Foi aí que vi o pior. Ao invés de se ocuparem do que ocorria ali na feira, creiam, estavam quase todos voltados para problemas irrelevantes. Comentavam a crise do petróleo, alvitrando até soluções, como se isso tivesse a ver com o preço do tomate. Discutiam questões energéticas e educacionais, em lugar de se aprofundarem na problemática dos frangos, cujas genitoras suspenderam inexplicavelmente a postura, elevando o preço dos ovos no mercado internacional. Falavam de multinacionais e de estabilidade econômica e social, parecendo desconhecer que o "jerimunzal parou de jerimunzar".

Contrariando meus hábitos, já estava pronto para explodir, desinteressando-me da pesquisa, quando atinei, afinal, com a razão de tudo. Somos, ainda, um país em desenvolvimento, uma nação jovem, não amadurecida para abstrações de tal ordem. Não nos empenhamos em estudo sério da realidade nacional. Ainda estamos entregues, meus amigos, a tarefas, providências e meditações secundárias.

Enquanto assim for, nada mudará por aqui, a não ser que o Manuel da Quitanda ocupe um ministério. Caso contrário, vamos morrer à míngua, ignorando esta verdade cristalina: governar é ir à feira.

A MORTE DO GUERREIRO

Abro o baú da saudade para reverenciar a memória de Ulysses Silveira Guimarães. Abro-o para buscar, lá no fundo, entre tão gratas recordações, a que guardo como valioso troféu político: a lembrança inapagável e inspiradora da minha convivência com esse brasileiro inimitável, a quem a Pátria consagrou definitivamente, não só confiando-lhe as mais gloriosas missões, em momentos de extrema gravidade para os nossos destinos, senão também inspirando-o à vitória.

Relendo artigos, revendo fotos, rememorando fatos, vou recompondo o cenário dos acontecimentos memoráveis que enfrentamos juntos: ele, o grande comandante; eu, modesto soldado. Eram tempos incertos, não o nego, mas a presença sexagenária e juvenil de Ulysses à frente do pequeno exército oposicionista dava-lhe a dimensão de uma investida napoleônica, revigorando sempre o ânimo aos menos combativos, a quem a temerária empresa se afigurava uma luta irremediavelmente inglória.

Contundente tantas vezes, sereno quase sempre, Ulysses Guimarães não se abatia nem mesmo diante do aparato bélico sistematicamente convocado para serenar o ânimo da oposição. Cônscio dos seus deveres e certo da relevância da causa que abraçara, enfrentava tudo de peito aberto, infundindo respeito até aos adversários mais extremados, diante de cuja prepotência jamais se abatia, ora concitando o povo a que fosse à rua, ora convocando o Congresso Nacional para a resistência, corajoso e incansável, convicto de que aquele era o seu ideal maior, para cuja concretização seria capaz de qualquer sacrifício, percorrendo várias vezes o Brasil de ponta a ponta, por terra, pelo mar e pelo ar, vadeando rios, em viagens pelo norte e pelo centro-oeste, enfrentando a poeira da estrada na aridez nordestina ou viajando pelo sul gelado, sem uma queixa, sem esmorecer jamais, arrastando atrás de si multidões arrebatadas, pregando e exortando, exortando e pregando, iluminando os ínvios caminhos da desesperança por onde passava com a chama ardente do seu patriotismo inarredável, sem se deixar atrair ou envolver por ideologias contrárias à nossa formação cristã e democrática.

Temia-se, às vezes, por sua segurança pessoal, quando Ulysses levava a extremos a exaltação própria ou alheia. Advertido do perigo, não se intimidava, como se aspirasse à morte em combate para melhor testemunhar seu amor ao povo.

Quem o visse, porém, assim agigantado na tribuna, produzindo as apóstrofes mais candentes e atrevidas em prol dos seus ideais, em não o conhecendo intimamente, nunca poderia imaginar que aquele coração flamejante de fé e entusiasmo pudesse abrigar sentimentos tão inocentes e ternos em relação ao próximo, inspiração e zelo de sua vida pública. Longe da Câmara dos Deputados e dos comícios, Ulysses era o intelectual, o escritor, o chefe de família alegre e amorável, o homem espirituoso, o amigo leal e sincero, o cidadão calmo e ameno, enfim, capaz das mais cativantes manifestações de afeto.

Ingressando na eternidade em companhia de D. Mora, a grande inspiradora do seu trânsito terreno, e de amigos tão caros, depois de haver dado ao Brasil o melhor de si mesmo, Ulysses Guimarães se constitui em eloquente exemplo de fidelidade a uma causa tão nobre quanto árdua, pela qual combateu até o derradeiro instante, vencido, afinal, por uma tempestade de Deus, depois de ter liderado vitoriosamente o combate contra a tempestade dos homens.

Que o seu legado altaneiro frutifique nesta terra, nunca tão necessitada de homens da grandeza de Ulysses Guimarães!

Austrália e China na rota do Congresso

Mal a bola rolou em campo, o deputado Célio Marques Fernandes, ex-prefeito de Porto Alegre, surpreendeu a defesa adversária com um gol espetacular, saudado estrepitosamente pela escassa torcida presente no Clube do Congresso. Era a revanche entre a ARENA e o MDB, que, para amenizar as cicatrizes e as disputas de plenário, haviam transferido para o campo de futebol as suas divergências ideológicas, o que motivou a realização de duas pelejas entre aquelas agremiações políticas, vencidas ambas pelo MDB, apesar do entusiasmo inicial da representação governista.

Após o jogo, a revista *Manchete* recepcionou as equipes com um almoço em suas instalações, a que compareceram parlamentares e outras autoridades, entre as quais o embaixador da Austrália, Mr. Robert John Kelson, coincidentemente colocado entre os deputados Célio Marques Fernandes e Mário Mondino, arenistas do Rio Grande do Sul.

Finda a desejada confraternização, a conversa tomou rumo internacional, tendo alguns dos nossos companheiros acompanhado o entusiasmo com que o embaixador australiano falava sobre seu país, concluindo por dizer do encantamento e da honra com que o governo e o povo australianos receberiam uma delegação de congressistas brasileiros, que seria a primeira a visitar aquela grande nação. Aceito extraoficialmente, o convite deveria ser formalizado à Presidência da Câmara e do Senado, que decidiriam quanto à possibilidade e à composição da representação política para uma viagem de intercâmbio cultural, sem qualquer dispêndio para o Poder Legislativo.

Poucos dias depois, convocado, compareci ao gabinete do senador Magalhães Pinto, presidente do Congresso Nacional, de quem recebi honroso convite para integrar a comitiva, composta pelos deputados gaúchos Mário Mondino, Norberto Schmidt, Célio Marques Fernandes, todos da ARENA, e mais Antônio Rosa Flores e Amaury Müller, ambos do MDB. Integravam também a delegação os deputados Adhemar Ghisi e Wilmar Dallanhol, da ARENA catarinense, e mais Antônio Florêncio de Queirós, governista do Rio Grande do Norte. Seria eu, portanto, um dos emedebistas e o único carioca a participar da viagem, assentada para 27 de setembro de 1975.

Demo-nos, então, aos preparativos: publicações e dados sobre o Brasil, contatos com as embaixadas, roupas, dólares, tudo que fosse necessário para uma viagem que se prenunciava altamente ilustrativa e proveitosa ao relacionamento das duas nações.

Poucos dias antes da partida, o senhor embaixador australiano houve por bem oferecer, em sua residência, um jantar aos integrantes da comitiva. Tivemos, então, grata surpresa: Mr. Robert John Kelson convidara outros embaixadores para a recepção, o que não só a abrilhantou, mas ainda mudou o rumo dos acontecimentos, uma vez que fomos também convidados a visitar outros países, igualmente sem nenhuma despesa para a Câmara dos Deputados. Estendeu-se a viagem ao Japão, China, Índia, Grécia e Itália, o que corresponde a dar uma volta completa ao globo terrestre, em aproximadamente cem horas de voo, viajando em alguns dos mais modernos aviões do mundo.

A empolgação era geral. Através do Itamaraty, o governo brasileiro deu-nos toda a assistência, o mesmo ocorrendo em relação às embaixadas.

Finalmente, a partida, pela Varig, que nos levaria confortável e cordialmente até Lima, no Peru, aonde chegamos às 15h30, horário de Brasília, depois de sobrevoarmos o lago Titicaca, cuja beleza nos encheu de admiração.

Do aeroporto ao centro da cidade, impressionou--nos a paisagem sem vida de morros praticamente sem vegetação, como se o fogo os tivesse atingido, matando--lhes o verde, impregnando os arredores de um cinza que dominava até a rarefeita vegetação ao redor.

Um casario pobre e inacabado prevalece de um lado e de outro, lembrando muito os nossos famigerados loteamentos, dos quais se distingue por apenas um ponto: as casas não têm teto. É que em Lima chove muito pouco. Dessa anomalia climática há marcas tristes por toda a cidade, índios civilizados pelas ruas e arrabaldes, vida sofrida. Na área comercial, muitos carros velhos, de tradicionais marcas mundiais.

Nas construções antigas, prevalece o estilo espanhol, com sacadas de madeira trabalhada e envernizada em quase todos os prédios, em sua maioria baixos e maltratados.

O trânsito é mais desordenado que intenso, e os

motoristas parecem não cuidar muito dos perigos a que nos expõem, falando um castelhano mesclado de expressões nativas, de difícil compreensão.

Ao lado dessa pobreza, deparamo-nos com templos suntuosíssimos, cuja magnificência imita as igrejas da Bahia e de Ouro Preto, impressionando a compenetração da assistência que acompanha os atos religiosos.

Tendo chegado a Lima num sábado, nenhum contato com o mundo oficial foi possível. Ficou para domingo a visita à parte nobre da cidade, realmente muito bonita, com lindas residências e bom comércio, chamando atenção a presença de automóveis fabricados no Brasil à porta de algumas casas, o que — asseguram — revela prosperidade em relação ao perímetro central da cidade.

Por falta de tempo, deixamos de visitar Cuzco, de que nos disseram maravilhas, e partimos para o Taiti domingo à tarde, pela Qantas, perdido em pleno Pacífico, a dez horas de voo de Lima. Durante todo esse tempo sobre o oceano, a viagem não apresentou a mínima anormalidade, embora o tratamento a bordo estivesse longe de competir com o da "nossa Varig" cuja tripulação nos cumulou de atenções, servindo-nos o melhor, e foi impecável no atendimento a todos os passageiros, unânimes em louvar-lhe o serviço, o que seria, mais tarde, opinião geral nos países que visitamos, onde essa empresa aérea desfruta merecido conceito.

Ao Taiti chegamos pela madrugada, mais mortos do que vivos, como se diz com exagero. O aeroporto estava quase deserto, apenas algumas nativas insistiam em manter a tradição de oferecer o internacionalmente famoso colar de flores.

Foi difícil conseguir táxis para todos, o que retardou a nossa chegada ao Holiday Inn, uma pousada perdida entre árvores num recanto bucólico da ilha, estrategicamente preparada para viver do turismo, o que a torna tão aprazível quanto dispendiosa, habitada, em sua totalidade, por nativos.

Papeete, a capital, tem um comércio apreciável, muitas lojas, grande variedade de roupas e eletrodomésticos, muita coisa típica, inúmeros produtos de clima tropical no setor alimentício, peixes, legumes e frutas sobrando pelos mercados, paisagem entremeada de cidade e campo, árvores e casas formando um conjunto ao mesmo tempo citadino e campestre.

Tendo permanecido ali apenas o suficiente para aguardar um voo para Sydney, na Austrália, só nos foi possível conhecer o Museu do Capitão Cook e o de Gauguin, pintor da mais alta sensibilidade, que abandonou tudo e passou a viver naquela região, onde pintou telas de valor inigualável. Visitamos a praia negra, de areia verdadeiramente preta, e a casa onde Marlon Brando se recuperava das fatigantes lutas de "O Grande Motim", em companhia da nativa com quem se casou.

Quando menos esperávamos, era hora de partir outra vez, Mário Mondino à frente, ótimo estado de espírito, pensamento no Brasil e nos que ficaram. Embarque no horário, mais dez horas dentro de um avião, com breve descida na ilha de Nadi, no arquipélago de Fiji, apenas para reabastecimento, antes de chegarmos a Sydney, onde começava oficialmente a nossa missão.

Nenhuma outra representação parlamentar brasileira havia descido antes ali. Era, portanto, uma missão histórica, a que brasileiros e australianos demos muita importância — aqueles, comparecendo impecavelmente, sob todos os pontos de vista; estes, preparando uma recepção deslumbrante, altas autoridades no aeroporto, corpo diplomático a postos, nove Oldsmobile 1975 à nossa disposição, batedores, segurança, um encanto.

Nossa dificuldade inicial foi o inglês dos australianos, muito rápido, sotaque diferente de tudo quanto já tínhamos visto. Não foi fácil até que nossos ouvidos se familiarizassem com aqueles sons. Pouco a pouco, porém, já nos entendíamos sem a ajuda dos intérpretes, o que facilitou muito a comunicação. Nossas conversas iam sempre além do protocolarmente estabelecido, o que suavizava o rigor dos entendimentos de interesse nacional com amenidades e informalidades, havendo muita curiosidade em torno do Brasil.

Sydney é uma cidade encantadora, rigorosamente limpa, trânsito intenso, mas disciplinado. Aliás, na Austrália, onde boa parte do território é inaproveitável, a vida se concentra nas cidades, onde vivem 85% da população total do país.

Naquele conjunto maravilhoso, em que a riqueza é tão ostensiva que parece brotar do chão, Sydney pontifica e sobressai, assemelhando-se em grandiosidade e beleza ao Rio de Janeiro. Arquitetura moderna, comércio rico, variado e exuberante, tudo ressumbra grandeza e luxo.

O povo, pelo país inteiro, tem padrão de vida altíssimo, valendo o dólar australiano mais do que o americano, o que leva muita gente a aventurar a vida por lá, principalmente no comércio, onde encontramos italianos, portugueses, espanhóis e até brasileiros.

No hotel em que ficamos, o Sydney Hilton, por exemplo, trabalham oito brasileiros, entre os quais duas senhoras e um rapaz do Rio. Em geral, essas pessoas ficam de dois a três anos por lá, juntam algum dinheiro, após o que, ou mandam buscar outros familiares para fixar residência, ou retornam saudosos, em condições de lançar-se num empreendimento comercial em sua terra.

Nos viadutos e avenidas, convenientemente sinalizados, automóveis de quase todas as marcas de prestígio internacional cruzam velozmente, alheios à crise do petróleo. Em tudo impera o luxo, ganhando um motorista de táxi o equivalente a oito mil cruzeiros.[1]

O senhor primeiro-ministro, recentemente destituído, deveria receber-nos por meia hora, tendo espontaneamente prolongado o encontro para mais de uma, revelando-se cavalheiresco e fluente, num inglês belíssimo, ora falando das possibilidades de entendimentos comerciais entre o Brasil e a Austrália, ora demonstrando conhecimentos específicos sobre coisas nossas, de que falou com humor e convicção, dizendo-se interessado em gozar umas férias no Rio.

Boa impressão também tivemos dos ministros da Agricultura e dos Transportes, todos indagando muito e interessados em informar corretamente.

Na Austrália, o trabalho é levado a sério. Ninguém perde tempo. A terra merece carinho especial, as atividades agropecuárias são as mais desenvolvidas, especialmente numa região que muito se assemelha às regiões pastoris do Rio Grande do Sul. O gado Santa Gertrudes, o mais famoso do país, é criado em fazendas já automatizadas, alcançando um boi, no sétimo mês de vida, cerca de 300 quilos, chegando a pesar 1000 quilos ao fim de três anos.

Já Melbourne é uma cidade industrial. Sem o requinte de Sydney, mostra-se também importante quan-

---

1 Moeda da época.

to à produtividade, como se o australiano ganhasse dinheiro ali para gastá-lo em Sydney.

O mesmo já não se pode dizer de Adelaide, eminentemente residencial, muitas igrejas, praças e jardins públicos, tudo muito bem cuidado, o que, aliás, caracteriza a Austrália inteira.

A comida é farta e rica em toda parte, predominando a carne bovina, embora os produtos do mar sejam usados em larga escala, principalmente em Palm Beach, uma praia pequena, mas com muitas mansões ao redor e fins de semana concorridos.

A Austrália produz ótimos vinhos, deliciosa cerveja, tomada em grande quantidade, quer às refeições, quer nos intervalos, em qualquer época do ano.

Além da vasta orientação no setor agropecuário, proveitoso foi também o contato com o Poder Legislativo, muito forte e respeitado, acalorando-se os debates, principalmente quanto aos problemas relacionados com o custo de vida.

Flutuando na imensidão do Pacífico, a Austrália tem um clima muito semelhante ao nosso, e por essa razão produz praticamente as mesmas coisas que nós no setor agrícola. Desértica ao Norte, o Sul e o litoral é que verdadeiramente sustentam o país, quase tão extenso quanto o Brasil, distante 26 horas de voo a mais de 900 quilômetros por hora.

No último domingo, véspera das despedidas, fizemos um passeio de lancha pela baía de Sydney, cortada por barcos milionários e circundada de indescritíveis castelos residenciais, que chegam a custar 500 milhões de dólares.

De Sydney voamos para Tóquio, que nos recebeu chuvosa e fria doze horas depois de nossa partida.

O Dr. Hélio Cabal, embaixador brasileiro no Japão, o conselheiro Pimenta (será meu parente?) e outros funcionários do Itamaraty já estavam diligentemente à nossa espera — passaportes e malas desembaraçados, hotel reservado, tudo como manda o figurino, japoneses ao redor, prestimosos e risonhos, marca registrada.

Chovia muito. Todos muito cansados, o repouso tornou-se imperativo. Só saímos à tarde para uma visita à embaixada brasileira, bem instalada, mas sem demasias. O Dr. Hélio Cabal tomou a palavra por longo tempo e disse fluentemente do significado da nossa presença, entrando a analisar, em seguida, as relações nipo-brasileiras e a conjuntura internacional. Mário Mondino agradeceu e exaltou a contribuição nipônica ao progresso do Brasil.

No dia seguinte, ainda sob intensa chuva e muito frio, visitamos as indústrias de Osaka e Kioto e fizemos contatos na área agrícola. Todos se empenham duramente no trabalho. A ilha não comporta mais uma casa sequer. Há canteiros de arroz até entre os edifícios residenciais. Para viver, é preciso produzir.

Quanto aos costumes e tradições, há uma ocidentalização nos hábitos japoneses, o que se verifica até nos trajes. Mas o povo continua risonho, polido, trabalhador e rigorosamente honesto, sempre devolvendo o dinheiro em caso de equívoco por parte do comprador.

O Japão apresenta um padrão de vida muito alto e uma industrialização de fazer inveja. Conhecemos universidades e o sistema de transportes. O estudante não pode fugir ao compromisso de estudar muito, sob pena de ser considerado relapso e negligente por todos. Os transportes figuram entre os melhores do mundo, metrô, monotrilho e transporte rodoviário funcionando em perfeita conexão.

O Poder Legislativo abriu-nos as portas festivamente, oferecendo-nos um banquete, ocasião em que discursou o deputado japonês responsável pela introdução da pimenta no Brasil, onde já tem reservado o seu túmulo.

Também o embaixador patrício nos recebeu em elegante jantar, a que estiveram presentes todos os embaixadores de países sul-americanos em exercício no Japão. Noite de grande cordialidade, o Brasil em evidência, todos querendo saber coisas da nossa pátria.

No dia seguinte, partiríamos para a China.

Quando o Boeing 707, da Air France, tocou em solo chinês, fui, por acaso, o primeiro brasileiro a desembarcar. No aeroporto, além de autoridades do governo de Pequim, chefiadas pelo presidente do Instituto do Povo, encontrava-se o nosso embaixador na China, Dr. Aloísio Napoleão, que se fazia acompanhar da embaixatriz Regina Napoleão e mais alguns funcionários da embaixada, todos informal e comoventemente risonhos com a nossa chegada.

Pelo protocolo chinês, coube ao deputado Mário Mondino, na qualidade de chefe da delegação brasileira, um comando total, até mesmo em questões triviais.

Depois do clássico chá de jasmim, que nos haveria de acompanhar sistematicamente durante toda a nossa estada no país, rumamos para o hotel. Passava das 17 horas, o céu estava nublado e fazia frio. No automóvel, iniciamos a nossa troca de impressões sobre a China, que vivia a era Mao Tsé-Tung. Mergulhávamos, não havia dúvidas, num mundo de mistérios e contrastes, o que não deixava de ser fascinante.

Por toda parte, viam-se trabalhadores ainda no campo, às voltas com a lavoura, enquanto outros conduziam carroças repletas de produtos agrícolas pela rua.

Mais adiante, já ao lusco-fusco, esses veículos confundiam-se com centenas de bicicletas, alguns caminhões, ônibus e tratores de fabricação antiga, todos diligentemente entregues ao trabalho.

Durante alguns minutos, a paisagem se sucedeu monótona, ampliando-se, em seguida, de forma a chamar a atenção, o número de bicicletas, até o limite do inimaginável. Homens e mulheres de todas as idades pedalavam suas bicicletas por entre os que caminhavam a pé, enquanto os automóveis, em número reduzidíssimo, buzinavam a mais não poder, o que não diminuía a indiferença do pedestre descuidoso — lá, como aqui, indiferente aos transtornos que eventualmente pudesse estar causando. Ao contrário do que ocorre no Ocidente, os automóveis é que se vão esgueirando por entre as bicicletas e os pedestres, aos quais cabe sempre a preferência.

O cortejo de automóveis que conduzia a delegação brasileira não fugiu à regra e entrou a buzinar, à medida que outras viaturas se detinham respeitosas, cedendo-nos a vez, enquanto o povo, ora se punha a olhar curiosamente a nossa passagem, ora prorrompia em aplausos, dirigidos não aos visitantes, mas aos carros do governo, sempre aplaudidos na rua.

Já mais próximo do perímetro urbano, construções rústicas, de ambos os lados, iluminadas por uma luz de cidade do interior, confundiam-se todas sob a mesma penumbra, a que não faltava a tradicional alacridade de insetos esvoaçantes.

Finalmente, deixamos a via arborizada e penetramos no que supusemos ser a avenida principal, muito larga, conquanto propositadamente mal iluminada, uma parte das lâmpadas apagadas, "por medida de economia", conforme soubemos mais tarde. Sem fugir à circunspecção de tudo, o casario se apresentava de melhor aparência e qualidade, longe estando, porém, de evidenciar luxo, fausto ou superfluidade. Todas as casas e apartamentos pareciam ter unicamente o essencial, enquadrando-se tudo muito bem no que começávamos a vislumbrar como o conceito chinês de vida e comunidade. Era talvez a primeira conclusão profunda a que chegávamos, após as primeiras observações: os chineses haviam eliminado o supérfluo da vida cotidiana. Ou teriam eliminado até mesmo boa parte do essencial?

Não há negar, portanto, o nosso pasmo diante de um mundo onde o realismo dos dias de hoje, quase desconhecido, contrastava bastante com a fantasia lendária e milenar que o envolvia, tornando-o ainda mais misterioso e assustador.

Foi, porém, na convivência do hotel que se alargaram as possibilidades de um conhecimento maior. De início, cumpre dizer que era bem modesto, comparado ao luxo que conhecêramos na Austrália e no Japão, mas o que efetivamente nos surpreendeu foi o fato de não haver chaves em nossos apartamentos. Indagado a esse respeito, um dos nossos acompanhantes informou orgulhosamente que, na China, as chaves tinham-se tornado desnecessárias, simplesmente porque não havia ladrões. Mais tarde, ficamos sabendo que o crime, de qualquer natureza, é punido com pena capital. Não há, em hipótese alguma, contemplação com o roubo, o furto, a prostituição ou a mendicância, que são considerados vergonha nacional, principalmente se praticados em relação a estrangeiros. Prostitutas receberam a oportunidade de reeducação em reformatórios especiais, onde lhes foi ensinada uma profissão da qual passaram a sobreviver. Consequência: não há roubos nem furtos, não há mendigos nem prostitutas.

Outra curiosidade: só há cães, assim mesmo raros, entre os habitantes de locais comprovadamente ermos, onde funcionam, de fato, como vigias. Evitam, com isso, o desperdício de alimentos que poderiam minorar ou aplacar a fome de um ser humano. Por outro lado, declaram categoricamente não existir nenhum chinês faminto ou desprovido de roupas, devendo, porém, cada chinês limitar os gastos ao estritamente essencial. A assistência médico-dentária é praticamente gratuita, com um pagamento simbólico. Boa parte das intervenções cirúrgicas ainda faz uso da acupuntura, que procuram aprimorar, seja introduzindo recursos da tecnologia moderna, seja buscando pontos do corpo em que seu efeito se faça mais prontamente.

A vida noturna de Pequim e de toda a China resume-se em duas palavras: não há. Às dez horas da noite as ruas estão desertas e silenciosas.

O alvorecer chega barulhento, buzinas, gente saindo para o trabalho, bicicletas aos milhares. Parece uma revoada de pardais. Ninguém conseguia permanecer na cama, mesmo que não estivesse diretamente ligado àquela movimentação. No hotel, a chamada era feita pontualmente, mas sem repetição. Acreditam na noção de responsabilidade de cada um.

O nosso café matinal era farto. O almoço e o jantar também. Arroz, soja preparada de mil modos, pato muito gordo, peixe, camarão, nada de massas, muitos legumes. O vinho dava para levar, a cerveja difere muito da nossa e o *maotai*, feito de arroz e de sorgo, pode-se dizer que é uma cachacinha mais forte do que o saquê dos nipônicos. Os chineses consideram descortesia deixar resto no prato e a gorjeta não é admitida entre eles, constituindo ofensa tentar gratificar alguém por qualquer serviço, sempre feito com solicitude. Aos correspondentes de jornais e aos diplomatas é facultado o uso de quantos serviçais pretenderem, desde que paguem ao Bureau certa quantia, pouco menos de quinhentos cruzeiros mensais, não se verificando nunca pagamento direto ao executor de qualquer tarefa.

Em caso de desajustes entre contratantes e contratados, em se tratando de embaixadas, estas têm direito de reclamação junto ao Bureau, que toma as providências. O reclamante não pode, porém, despedir o empregado. Se o fizer, não recebe outro, fato que não impede que o chinês esteja sempre a solicitar críticas sobre suas falhas, revelando-se sempre muito desejoso de aprimorar-se.

A nossa presença sempre despertava grande admiração entre os chineses, que sorriam e acenavam à nossa passagem, alegrando-se muito quando os convidávamos a uma fotografia.

Durante a nossa estada na China, cumprimos extenso programa de visitas a instituições culturais, conhecemos a Universidade do Povo, os túmulos dos mais famosos imperadores, as áreas agrícolas mais importantes, a indústria de automóveis e instrumentos agrícolas, a Casa da Amizade (estabelecimento comercial destinado a estrangeiros). Participamos de apresentações teatrais, culminando com uma visita às Muralhas, construção soberba, com cerca de seis mil quilômetros de extensão. Não tivemos qualquer contato com o Poder

Legislativo, cujo edifício tem dois mil lugares e estava inteiramente vazio.

Na rua, ou em qualquer lugar, o povo se mostrou ordeiro, parecendo exclusivamente voltado para o trabalho, e a nós impressionou muito aquela uniformidade de trajes, maneiras e objetivos, principalmente ao anoitecer, quando assistíamos à volta dos trabalhadores ao lar.

Brasília e o Brasil de JK

O gênio e o amor criaram-na. O gênio provém de Deus, e o amor é o próprio Deus. Concebida sob o signo da esperança, materializou-a a fé suprema, que não conhece limitações: a fé dos limpos de coração, a fé dos espíritos fortes, a fé dos predestinados. É verdade que tentaram impedir-lhe o nascimento, mas não puderam deter-lhe a gestação. É verdade que pretenderam fazê-la órfã, ameaçando-lhe o criador. É verdade que buscaram, a todo custo, deter-lhe o crescimento, dizendo-a inviável. É também verdade que, ainda hoje, tentam denegri-la, apontando-lhe imperfeições e anomalias. Entretanto, nascida do amor e pelo amor edificada, injúria será sempre desmerecê-la.

Pouco importa, agora, quanto custou em lágrimas ou em dólares. Lágrimas, sempre as haverá sobre a face da Terra, e o dólar é apenas uma convenção comercial. Qualquer realização grandiosa há sempre de sobrepor-se a números e dificuldades. O que realmente conta, nesse caso, não pode ser medido assim. O que de fato credita à posteridade, em se tratando de Brasília, é o que ela representa como afirmação ou reafirmação de um povo que parecia irremediavelmente convencido da sua incapacidade, ou inexoravelmente destinado à pobreza.

Houve gastos, bem o sei. Talvez até demasias. Não se tratava, porém, da simples construção de uma nova capital: era a mentalidade de um povo que se estava tentando mudar. Urgia injetar otimismo, inocular crença, criar e multiplicar forças, vencendo a timidez do cidadão, em se despertando a consciência nacional. É claro que Brasília não poderia ser entendida logo. Era avançada demais a ideia para a mentalidade dominante. Mais que utopia, era uma predestinação inconcebível para o homem comum, ou apenas mais um caso de megalomania, conforme afirmavam os mais pessimistas.

Entretanto, do sonho profético de D. Bosco aos dias de hoje, graças à visão de um só e à fé, em breve, contagiante, renovaram-se, neste pedaço de chão abençoado, as esperanças de uma nação antes anestesiada. Natural é, pois, que houvesse opositores. Não sabendo dimensionar adequadamente as nossas potencialidades, muitos se impregnaram de concepções errôneas a respeito do nosso povo, cujo patriotismo e criatividade ignoravam por completo.

Enjeitada desde a concepção até o nascimento, Brasília teve de apressar sua maturidade, para melhor resistir à fúria iconoclasta dos que a diziam ou supunham irrealizável. Acrisolou-se-lhe o espírito na dura luta contra a possibilidade de sucumbir aos rudes golpes contra ela impiedosamente desfechados, pelo inconformismo pessoal ou político dos que lhe temiam o desenvolvimento pleno, que eternizaria o nome de Juscelino Kubitschek de Oliveira. Cedo, aprendeu a lutar e a superar obstáculos. Como as belas amazonas da lenda fascinante, não lhe diminuía a beleza o permanente estado de beligerância contra o agressor ostensivo ou traiçoeiro. Recompunha-se imediatamente a cada ataque, mostrando-se ainda mais encantadora aos olhos atônitos de viajantes destas e de outras plagas, que lhe vinham ao encontro, ora incensando-lhe a beleza surpreendente, ora rendendo-se cativos aos seus feitiços.

Indiferente aos vaticínios negativistas, a nova capital, não só empolgava internamente, mas também já chamava a atenção do mundo. Reis e príncipes extasiavam-se diante da sua modernidade. Artistas e intelectuais maravilhavam-se ante seu fascínio. Embora não lhe entendesse a magnificência exótica, o povo amou-a desde logo, compreendendo-lhe o significado grandioso.

Brasília começou a impor-se. Abreviando a meninice, que não pudera usufruir, entrava depressa na adolescência, o que, biologicamente, corresponde a um segundo nascimento. Com a mesma altivez precoce, enfrentou e venceu a nova fase, fugindo sempre aos que procuravam desencaminhá-la. Transformou-se física e espiritualmente, desenvolveu-se em todos os sentidos, e ganhou alma. Aprendeu a sofrer e a perdoar, seguindo as pegadas paternas. Suportando tenaz perseguição de inimigos impenitentes, desculpou-lhes sempre a irreverência e a falta de visão.

Ainda no verdor dos anos, como dizem os poetas, de repente, ficou órfã. Aí, então, não se conteve. Mergulhada em profundo e invencível abatimento, despojou-se de toda a gala e chorou copiosamente, abundantemente, ininterruptamente, dias e dias, invadindo todos os seus recantos uma tristeza indizível. Não era só o povo que chorava. Choravam todas as coisas. Era realmente a cidade que chorava, transformando-se num imenso e indescritível mausoléu. Era como se o Brasil todo estivesse ali a deplorar a morte do pai da cidade, do benfeitor, do abençoador, daquele que esparzira e prodigalizara confiança, tenacidade e energia nos corações e nos braços de uma coletividade já praticamente entorpecida por um pessimismo quase irremovível. Era a solidariedade de uma nação inteira a uma orfandade prematura.

Pela primeira vez coletivamente abatida, a cidade exalava sofrimento e mágoa. Chorava na rua o homem do povo. Choravam mulheres e crianças. Choravam moços e velhos, desconsolados e empobrecidos. Lembranças afloravam em todas as mentes, recordações de momentos culminantes desta Brasília inspiradora. Aqui, um candango gaba-se, entre lágrimas, de ter conversado muitas vezes com o presidente, sob o frio de noites indormidas e trabalho ininterrupto. Ali, um funcionário público exalta o permanente entusiasmo do falecido em relação a um Brasil que surgia do nada. Acolá, alguém lembra a perseverança do menino de Diamantina, que desafiara a pobreza e transformara um país abúlico numa nação responsável e confiante. Enfim, todos tinham um motivo a mais para lamentar o inopinado desaparecimento do homem que arrostara todos os perigos, aceitando resignadamente todos os sacrifícios e incompreensões que lhe impunha a necessidade imperiosa de traçar novos rumos a este País. Consolando-se reciprocamente, milhares de brasileiros acentuavam as qualidades do desbravador indômito, a quem o Divino Legislador aquinhoara com todas as mercês, ora retemperando-lhe miraculosamente as energias físicas e mentais, ora centuplicando-lhe o vigor espiritual diante da adversidade maldosamente preparada.

Indo muito além de uma simples data, a maioridade de Brasília coincidiu praticamente com a maioridade do Brasil, que hoje já se situa entre as potências mundiais, fazendo-se respeitar no concerto das nações, não só pela pujança do seu inquestionável progresso, senão também em razão da altivez e do descortino com que discute os problemas mais sérios da comunidade internacional, contribuindo substancialmente para o encontro de soluções que atendam ao interesse coletivo, preservando-se, entretanto, das investidas imperialistas dos que nos queiram subjugar. Tudo isso, não há como negar, é fruto de um trabalho cuja origem foi a própria criação de Brasília, sem a qual ainda estaríamos restritos a uma ótica distorcida do nosso potencial, amesquinhando-se a nacionalidade diante do mundo, desfibrando-se o povo, despertando a cobiça dos que sempre lançam seus tentáculos contra os fracos.

Tendo completado a maioridade, Brasília é um marco na história do Brasil, distinguindo um período de obscurantismo e inércia de uma fase desenvolvimentista e próspera, marcada por realizações e conquistas que mudaram para sempre a fisionomia e os destinos do País.

CARNAVAL E CONSTITUINTE

Antecipando-se ao carnaval propriamente dito, viveu o Brasil em clima de verdadeiro carnaval político durante a Constituinte. Pelas instalações do Congresso Nacional, transformadas em imenso sambódromo, desfilaram fantasiados de líderes políticos, entre as mais autênticas lideranças nacionais, alguns aprendizes de mestre-sala e de porta-bandeira, em busca de um lugar de destaque no "cenário deslumbrante" da política brasileira, visando ao "Estandarte de Ouro", com o enredo Constituição, do carnavalesco J. Ribamar.

Tendo o Brasil como patrono, extraíram-lhe tudo quanto puderam no decorrer dos ensaios, antes do grande desfile, alternando-se alas de compositores e de passistas, passando o Livro de Ouro de porta em porta, em nome do "G.R.E.S. Unidos da República Federativa do Brasil", o preferido dos banqueiros internacionais.

Assim atarefados e comprometidos, só lhes restavam dois únicos dias por semana para compor e ensaiar um samba desafinado, de "exaltação à nossa dependência econômica", misturando-se na letra refrãos marxistas, ditos caipiras, expressões latinas e bajulações ao capitalismo, sem qualquer ritmo, deixando claros a pluralidade e o ecletismo da autoria, faltando unidade ao todo.

Inflação, Arrocho Salarial, Nepotismo, Corrupção, Multinacionais e tantos outros compunham os destaques, tendo à frente, no carro alegórico mais alto e mais vistoso, a Dívida Externa, seguida do Subdesenvolvimento, da Desonestidade e da Preguiça, que insistiram em sair lado a lado.

A Comissão de Frente era um luxo: velhas raposas do inigualável PSD mineiro e figuras de proa da extinta UDN, de fraque e cartola (eles não admitiram qualquer modificação nos "trajos"), cumprimentavam o público, sorrindo forçadamente para esconder o terrível cansaço, logo ao início do desfile.

Já impaciente, a multidão pedia mais empenho dos desfilantes, mas estes, supondo-se ainda longe da comissão julgadora, mais andavam displicentemente do que desfilavam, atravessando o samba.

Presidente da escola, puxador do samba e mestre da bateria, o insubstituível Sr. Sessylu, tão logo percebeu que o samba atravessara, isto é, que estava atravessado na garganta do povão, passou a exigir esforço concentrado de todos, inclusive da Ala das Baianas, qualquer que fosse o seu patrocinador.

Nas arquibancadas, o povo, que esperara vinte e quatro anos por esse desfile, aplaudia ou vaiava, segundo suas preferências. Ora fazendo coro com a esquerda fisiológica, ora entoando palavras de ordem, estimulava o desfile, que há muito ultrapassara o tempo regulamentar, sem que houvesse qualquer desclassificação, a não ser perante a opinião pública, cada vez mais revoltada, não só com o atraso do desfile, mas também com o luxo das fantasias e dos carros alegóricos, para cuja confecção o povo desembolsara quantias astronômicas.

Finalmente, depois de tanta espera, as evoluções

da promulgação na "Praça da Apoteose". A multidão, já exausta, recebeu com frieza e indiferença o espetáculo pirotécnico e multicolorido. Sonolento, frustrado e desesperançado, o povo se retirou em silêncio, vivendo agora em situação de permanente quaresma política, abstendo-se não só da carne, que custa uma exorbitância, mas, principalmente, da alegria, não mais cantando nem sambando, à espera talvez de um novo Rei Momo que o faça sorrir, sambar e cantar.

MARCELLO ALENCAR CONTRA GAROTINHO

O empate técnico entre os candidatos Marcello Alencar e Anthony Garotinho, na disputa pelo governo do Estado do Rio de Janeiro, se foi surpresa para os eleitores menos avisados, não o foi para os observadores mais atentos ao transcurso da campanha eleitoral. Primeiro, porque o ex-prefeito do Rio se lançou à luta como se as eleições fossem indiretas como no passado. Esse fato o levou a não prestigiar as legítimas lideranças locais, principalmente na Zona Oeste, calcado talvez na suposição de que, tendo feito muitas obras, pudesse dar-se ao luxo de ignorar o prestígio político dos que, na região, têm saudável intimidade com o povo.

Há quem diga, porém, que Marcello Alencar assim procedeu por temer o ressurgimento de candidaturas prestigiosas, o que — pensava — poria em perigo a introdução definitiva, naquela área, da candidatura de Marco Antônio Alencar, seu filho, como primeiro passo para uma hegemonia política do clã Alencar nesse recanto do Rio, minimizando assim a ideia, cada vez mais acentuada, de emancipação política da região.

Era, então, interessante observar como o ex-prefeito carioca jamais procurava qualquer nome influente na Zona Oeste para fazer acordo político, preferindo, ao contrário, contentar-se com as manifestações de aplauso de duvidosas lideranças, muitas das quais buscavam apenas um aval para futuras cobranças fisiológicas, pouco acrescentando eleitoralmente.

Depois, Marcello Alencar superestimou tanto a sua inegável aceitação junto ao eleitorado que, contrariando o bom-senso político, que recomendava a escolha do candidato a vice-governador na circunscrição do antigo Estado do Rio, para estimular o eleitorado local a prestigiar a chapa, foi buscá-lo entre os seus correligionários mais íntimos, do mesmo território eleitoral, abrindo terreno para que o ex-prefeito de Campos, Anthony Garotinho, saísse a espalhar que Marcello desprezava o interior, não lhe dando qualquer oportunidade de fazer-se representar no poder.

Observe-se, ainda, que a chapa majoritária dos tucanos, no Estado do Rio de Janeiro, não tinha nenhum candidato identificado com o interior, enquanto o PDT alinhava o próprio Garotinho, o vice Noel de Carvalho e Jorge Roberto Silveira, filho e sucessor do lendário governador Roberto Silveira e aspirante ao Senado, como representantes interioranos.

Em verdade, querendo premiar a lealdade do seu ex-secretário de Obras, Luiz Paulo Corrêa da Rocha, Marcello Alencar frustrou seus adeptos do antigo Estado do Rio de Janeiro, muitos dos quais, em represália, se aliaram a Garotinho, que os cortejava com sedutoras promessas de poder.

Por outro lado, Marcello acomodou-se cada vez mais na sua popularidade, desde o início da campanha, como se não tivesse competidores, além de entregar a direção da campanha, na Zona Oeste, ao poderoso ex-

-deputado Ronaldo Cezar Coelho, um nome pouco influente na área, em termos de arregimentação popular, em razão de sua habitual ausência da comunidade, em seus momentos mais expressivos, fora do período eleitoral. Afora, portanto, as adesões espontâneas e anônimas de alguns líderes comunitários, não teve Marcello um trabalho organizado de engajamento dessas lideranças, as quais não receberam qualquer estímulo para se alinhar com ele, tal foi o caso dos ex-deputados estaduais Dilson de Alvarenga Menezes e Jair Costa, bem como do ex-vereador Moacyr Bastos, cujo indiscutível prestígio eleitoral poderia acrescentar muito mais votos à candidatura de Marcello Alencar, que preferiu sustentar-se apenas no poderio econômico de Ronaldo Cezar Coelho — necessário, mas não suficiente para ganhar a eleição no primeiro turno. Honrosa exceção foi o caso da professora Rojane Calife Jubran Dib, que colocou todo o seu reconhecido prestígio político a serviço do PSDB, o mesmo acontecendo com o professor Eneas Pereira.

De todos esses erros resultou o fraco desempenho do partido em todo o Estado, possibilitando a realização de um inimaginável segundo turno, a ser disputado justamente com o candidato do ex-governador Leonel de Moura Brizola, a quem Marcello pretendia, a todo custo, derrotar logo no primeiro turno, sepultando definitivamente as esperanças de quem, derrotado nacionalmente, ainda poderia acalentar sonhos em relação ao governo fluminense.

Justo é, porém, reconhecer que Anthony Garotinho, mais jovem, mais moderno e mais impetuoso, soube explorar com habilidade as falhas do adversário, sem atrelar-se ao patrono do PDT, em cuja defesa poucas vezes saiu, não sendo raros os casos em que nem sequer lhe pronunciou o nome em praça pública, não se expondo assim ao desgaste de uma liderança em declínio.

Por sua vez, o êxito do ex-prefeito de Campos vai estimular ainda mais, no segundo turno, as lideranças do interior, acenando com a possibilidade de alcançarem o governo, o que exigiria de Marcello Alencar um esforço redobrado em relação aos eleitores sob a influência geográfica de Garotinho, que aspira a ser nome nacional. Nem tudo, porém, está perdido. O resultado final depende dos rumos a tomar pelos partidários do general Newton Cruz, que desistiu da candidatura, bem como das composições que Marcello possa fazer com outros partidos. Se o PT pender para Garotinho, teremos uma disputa renhida no segundo turno, o que lhe dará o toque de emoção que faltou ao primeiro.

Ulysses também coloriu

Segundo a gramática mais elementar, verbo defectivo é aquele que apresenta defeitos em sua conjugação, não podendo ser conjugado em todas as pessoas, tempos e modos. Sirva de exemplo o verbo colorir, só conjugável, ainda de acordo com a gramática, nas formas arrizotônicas, isto é, naquelas em que a acentuação tônica recai fora da raiz do verbo. Na definição do eminente prof. Walmírio Macedo, em sua apreciável *Gramática Popular da Língua Portuguesa*, "verbo defectivo é aquele a que falta pessoa ou tempo", o que evidentemente não se coaduna com a definição política do verbo *collorir*, ao qual não falta pessoa, tempo ou modo, buscando cada um, a todo tempo, o melhor modo de conjugá-lo, indiferente às prescrições gramaticais.

Diz ainda a gramática que o verbo colorir, tal como combalir, comedir-se, delinquir, desmedir-se, empedernir, demolir, esbaforir-se, espavorir, extorquir, falir, fletir, remir e outros, só se conjuga nas formas em que aparece "i", como sejam, colorimos, coloris, no presente do indicativo e colori no imperativo afirmativo, não possuindo esses verbos o presente do subjuntivo. "Nos demais tempos", continua mestre Walmírio Macedo, "conjuga-se como verbo regular da terceira conjugação, partir, por exemplo".

Descoberta recente da política, esse verbo sofreu profunda transformação semântica, ou seja, mudança de significado, mudando radicalmente de sentido, de grafia e de regência, em se tratando de eleições presidenciais. No dia a dia, colorir, um verbo transitivo direto, isto é, incompleto em seu significado, exige complemento direto, o objeto direto, para a perfeita compreensão da ação que exprime, significando cobrir ou matizar de cores, podendo ainda, figuradamente, significar disfarçar, encobrir; tornar menos desagradável; coonestar. Literariamente falando, tem o sentido de tornar brilhante, ornar de imagens: "colorir bem a descrição de um personagem". Como verbo pronominal, colorir corresponde a tingir-se, tomar cor, corar: "A jovem coloriu-se de vermelho para receber os colegas".

Politicamente, entretanto, o verbo *collorir*, assim grafado, intransitivo, isto é, dispensando qualquer complemento, tem mais de uma significação, segundo a intenção com que é conjugado. Quando se diz "fulano *colloriu*", talvez queiramos dizer apenas que ele aderiu ao presidenciável Collor de Mello, ou que fulano traiu seu partido, embalado pelos números das pesquisas.

Entre as mulheres de todas as idades, *collorir* quer dizer encher de beleza, despertar ilusões adormecidas, alimentar devaneios, tão inebriadas se dizem elas com a presença do elegante ex-governador. Pensam naturalmente em *amizade colorida* e, como dizem hiperbolicamente os cronistas esportivos, *vão ao delírio*.

Sem querer gramaticar, lembro que os dicionários também registram os verbos colorizar, colorear e colorar como sinônimos de colorir, parecendo lógico que o povo, não por desamor à gramática, mas por desejo de renovação política, preferisse a forma *collorir*, fugindo aos princípios políticos e gramaticais que inventaram as formas *brizolar, malufar* e *tancredar*, referentes a um passado que o povo quer esquecer. Embora contrariando a gramática, a sabedoria popular optou pelo verbo *colorir*, com a preocupação talvez de dar nova tonalidade às nuvens negras que ameaçam o nosso cenário político, conferindo assim maior densidade programática ao Partido da Reconstrução Nacional, incluindo, naturalmente, a pintura na reconstrução, dando-se, então, nova coloração ao Brasil, *sob o color de* (a pretexto de) colocar o cruzado novo ao par do *color*, moeda de muito valor na Ásia.

Conquanto não tenha um estilo colorido, o presidenciável Collor de Mello está empolgando as multidões, levando muita gente a colorizar, tendo coloreado políticos que, até então, ameaçavam *brizolar*, fato que está a exigir o uso de um colorímetro para medir a intensidade da cor do coloreado (que se coloriu) em relação a um padrão, uma vez que ele poderia estar apenas coloreado (disfarçado) para melhor conhecer as hostes do adversário.

Por sua vez, livre do *arco-íris* (Rezende) que o perseguia, o legendário Ulysses Guimarães vai para o segundo turno com Collor de Mello, depois que, vendo a coisa preta, livrou-se dos vermelhos, jogou um verde no Quércia e amarelou outros governadores, que hastearam a bandeira branca e azularam. A seu modo, pode-se dizer que o indefectível Ulysses Guimarães também coloriu.

Em honra de Amaral Peixoto

Estamos de luto. O desaparecimento do senador Amaral Peixoto orfanou o Estado do Rio de Janeiro de uma de suas figuras mais exponenciais, em todos os tempos, empobrecendo, sobretudo, a classe política que ele tanto dignificou, quer no Executivo, quer no Legislativo, em cuja militância se houve com irrepreensível correção pessoal e política, sempre que a Pátria o convocou para missões árduas e honrosas, das quais se desincumbiu com patriotismo, competência e humildade, desempenho que acabou por assinalar toda a sua trajetória política, incluindo-o, desde logo, entre os mais prestantes e notáveis servidores da causa pública, principalmente em relação ao valoroso povo do Estado do Rio de Janeiro, a que serviu tão devotada quanto eficazmente por mais de cinquenta anos.

Cedo granjeou a confiança, o respeito e a admiração de seus concidadãos, por cuja problemática empenhou todo o seu prestígio pessoal e político, impondo-se, não somente pela lealdade e afabilidade, mas ainda pela determinação com que se dedicava ao seu nobre mister, não hesitando nunca em sacrificar-se pessoalmente para melhor servir, não medindo o tamanho da dificuldade, quando estavam em jogo os interesses do povo.

Iniciando-se politicamente num dos períodos mais conturbados da vida pública brasileira, quando a nação enfrentava os rigores de um regime ditatorial — a que o eminente cidadão esteve sempre ligado por estreitos laços de família —, Amaral Peixoto foi sempre o grande mediador, o contemporizador, o traço de união entre o povo sofrido e o poder discricionário, buscando amenizar sempre, com sua brandura de ânimo, quaisquer transbordamentos incivis, conciliando admiravelmente todas as facções, sem perder a perspectiva histórica do momento político que vivia.

Ao contrário, acrescentou-lhe sua contribuição pessoal, apaziguando e contornando, infundindo confiança até aos adversários mais intransigentes, polindo e repolindo a sua proverbial lhaneza de trato, sem deslizar da fidelidade que se impunha nas tarefas que lhe eram destinadas, servindo ao regime inexorável sem desservir ao Brasil, contraditando determinações esdrúxulas, combatendo excessos, minimizando ocasionais desregramentos da prepotência.

Nas poucas vezes em que se viu compelido a discordar de antigos correligionários, fê-lo com grandeza e distinção, jamais ferindo a honra pessoal de quem quer que fosse, jamais invectivando a família, nunca confundindo o homem público com o cidadão do lar. Atacado e vilipendiado tantas vezes, pela veemência dos que o supunham conivente com o regime político que combatiam, nunca desrespeitou os que o atacavam, certo como estava da própria grandeza, consciente do quanto procurava fazer para levar a termo a sua missão sem comprometer-se com qualquer atitude política menos recomendável.

Modelo foi, afinal, de probidade e temperança;

mas o que realmente lhe caracterizou o edificante trânsito pela vida pública foi a permanente solidariedade aos amigos e correligionários, aos quais nunca decepcionou, mantendo sempre viva a consciência dos seus compromissos perante os que o incentivaram a tornar-se cada vez maior, oferecendo, a cada passo, até o derradeiro instante, as mais ternas e comoventes demonstrações de gratidão, amizade e respeito a quem o ajudara a carregar a pesada cruz da vida pública.

Por tudo isso é que o povo fluminense tanto deplora a ausência material de quem nunca lhe faltou na adversidade.

Figueiredo x Aureliano Chaves

De volta ao Brasil, depois de submeter-se a uma intervenção cirúrgica, o presidente João Figueiredo encontra o País em clima de perfeita harmonia social e política, funcionando normalmente todos os setores da comunidade nacional, em busca da prosperidade e, principalmente, de soluções adequadas à imensa crise econômica que já aflige cada brasileiro.

Embora ainda não tenha atingido a plenitude democrática, dá o Brasil evidente demonstração de maturidade política, sucedendo-se normalmente no governo o presidente e o vice-presidente, sem que o fato alterasse a vida do País, a não ser no maior empenho a que todos os colaboradores diretos do presidente da República se viram obrigados, não só para tentar suprir a lacuna de sua lamentável ausência, senão também no louvável propósito de traduzir, de forma afetiva e efetiva, a solidariedade de todos ao Supremo Mandatário da Nação.

Por sua vez, o vice-presidente da República, Dr. Antônio Aureliano Chaves de Mendonça, à semelhança do que fizera em condições idênticas, assumiu plenamente todas as responsabilidades inerentes ao cargo que constitucionalmente passou a ocupar, não abrindo mão da autoridade de que está investido, sem que, em qualquer instante, se deixasse seduzir pelos acenos tentadores da vaidade, cumprindo discreta e exemplarmente o seu papel de manter a unidade político-partidária do governo, dentro de intransgressíveis padrões de moralidade e exação no cumprimento dos deveres, primando, ainda, por absoluta fidelidade ao presidente Figueiredo, de cujas diretrizes gerais não se afastou um milímetro sequer, mas imprimiu ao governo a marca inconfundível da sua personalidade, desligando-se temporariamente da condição de presidenciável, para cuidar apenas dos interesses da Nação.

Exemplo tão altaneiro merece a admiração e os aplausos unânimes de todos os brasileiros e inspira séria reflexão, evidenciando, ainda mais claramente, a unidade política nacional, o que confere ao presidente João Figueiredo a certeza plena de estar conduzindo o País no rumo certo, apesar das dificuldades que enfrentamos em relação à política econômica e seus reflexos, a merecer especial atenção, especialmente em se considerando que estes começam a inquietar até as camadas sociais mais favorecidas em recursos materiais, o que dá a medida de como estão vivendo os assalariados em geral e a população de baixa renda.

Ainda assim, o povo está confiante na ação do governo, justificando-se, pois, as inúmeras manifestações de solidariedade ao chefe da nação, desde que embarcou para Cleveland, até o instante da volta, renovando-lhe a convicção de que conta com o apoio do povo, não só em seu programa de redemocratização, mas ainda no que se refere à superação da crise econômica com que nos defrontamos.

De sua parte, o presidente em exercício vem revelando estar em perfeita sintonia com o presidente Figueiredo, exercendo digna e eficientemente a presidência da República, conciliando a ação administrativa com louvável prudência política, mais interessado em bem cumprir as nobilitantes tarefas que lhe incumbem do que em promover-se pessoalmente à custa do exercício eventual da Suprema Magistratura do País.

Coincidindo a sua assunção à presidência da República com as enchentes que assolam o Sul, soube o eminente brasileiro agir com a energia que as circunstâncias exigiam, determinando prontas providências, indo, em seguida, ao local da catástrofe, não só para avaliar *in loco* a extensão dos prejuízos, senão ainda para levar às populações atingidas uma solidariedade direta, que se traduziu em substanciosa destinação de recursos para os três estados atingidos pela tragédia, confirmando, portanto, sua condição de estadista.

Por outro lado, se tanto se preocupou com o Sul inundado, não se esqueceu do Nordeste ressequido, indo-lhe também ao encontro, na tentativa de atenuar os efeitos da terrível seca que há tanto se prolonga, o que demonstra uma preocupação global com o País, já que, a par dessas medidas de ordem prática, acompanha minuciosa e atentamente toda a evolução da vida nacional, não se descuidando de nenhum setor, ocupando-se de todos, sem que nada falte a cada qual.

Assim, quando reassumir a presidência da República, o presidente vai experimentar a sensação de que nada mudou na sua ausência, em relação à diretriz que imprimira ao governo, sentindo-se fortalecido politicamente, visto que a engrenagem governamental já independe de sua presença pessoal para funcionar bem, sinal de que soube montar eficiente máquina político-administrativa, afinada com as metas a atingir.

Outro aspecto a considerar pelo presidente, em seu retorno, é a retomada da coordenação da sucessão presidencial, já que, por paradoxal que pudesse parecer, a própria ausência do coordenador e a consequente interrupção oficial dos contatos, com vistas à sucessão, acabaram por constituir-se em um elemento a mais de análise, visto que o presidente pôde sentir, mesmo a distância, a linha de atuação de cada um dos presidenciáveis, bem como o grau de comprometimento de cada um com a continuidade administrativa e a normalidade democrática, tirando conclusões.

Quanto à figura do vice-presidente Aureliano Chaves, indiscutivelmente, deu ao Brasil edificante demonstração de espírito público e fidelidade à causa que abraçou, a par de mostrar-se conhecedor da realidade nacional e internacional, sabendo distinguir perfeitamente o seu projeto político pessoal das atribuições de ocupante eventual do Palácio do Planalto, fazendo da discrição e da competência a pedra de toque de sua passagem pela presidência, sem prejuízo de uma ação vigorosa nas ocasiões em que teve de intervir diretamente, alçando-se, portanto, ao respeito e à admiração do Brasil inteiro, a cujos olhos se credenciou ainda mais.

Funerais de Gonzaga da Gama

Fazia frio, e uma chuva fina e penetrante orvalhava a terra carioca desde a madrugada do infausto acontecimento. Conduzido por familiares e autoridades, o esquife do nobre morto, Luiz Gonzaga Prado Ferreira da Gama, secretário de Educação e Cultura do Estado da Guanabara, foi levado ao jazigo da família, de que seria ele o primeiro habitante.

Enquanto uma multidão incalculável se deslocava silenciosamente no interior do cemitério do Catumbi, outro tanto dela, que não conseguira acesso ao campo-santo regurgitante, acompanhava de fora os instantes finais da brutal cena, que mais parecia arrancada aos palcos das tragédias gregas.

Um pranto convulsivo ia alteando-se progressivamente de um extremo a outro da derradeira morada, partido de um povo que se sentia, naquele instante, mais unido do que nunca na identidade da dor que irmanava a todos, sendo de ver-se a ternura com que buscavam consolar-se entre si pessoas das mais diversas condições, desde o mais humilde servidor da Secretaria de Educação e Cultura, até o mais graduado homem público, à frente dos quais o embaixador Francisco Negrão de Lima, então governador do Estado, carpia resignado e cheio de fé cristã a mágoa de todo o povo que tão dignamente representava.

Era de ver, ainda, o estado de abatimento do admirável casal Luiz Gama Filho, a quem não faltou, em momento algum, a solidariedade dos amigos e do povo em geral, reverentes e respeitosos ante o sofrimento daquelas duas almas cuja fibra nunca seria demais enaltecer.

Findas as cerimônias fúnebres, cuja tragicidade a própria natureza parecia deplorar, juntei-me mudo à massa muda dos que se retiravam. Até o dia seguinte, mantive o silêncio que as circunstâncias me permitiam, guardando interiormente um sentimento tal que me impedia de exercitar-me nas minhas atividades profissionais, cujo fio só posteriormente retomei.

No dia seguinte à missa de sétimo dia, ainda muito emocionado, sonhei que se realizava uma festa escolar na minha comunidade, a que compareceria o governador. Qual não foi minha surpresa, ainda em sonho, quando me deparei com a presença de Gonzaga da Gama ao lado do governador Negrão de Lima no instante em que este adentrava a escola. Vibrei de alegria e corri-lhe ao encontro, dizendo-lhe de um "boato" a respeito da sua morte. Sorridente como sempre, Gonzaga da Gama contou o fato ao governador, concluindo por afirmar-me que a notícia da sua morte significava, na interpretação popular, evidente sinal de saúde, com o que concordei com um aceno de cabeça. Despertando, voltei, porém, à crua realidade, e uma grande tristeza apossou-se de mim.

Mais tarde, os primeiros passos para a difícil campanha política que me levaria ao Congresso Nacional afastaram-me daquelas visões noturnas, devendo eu confessar, no entanto, a bem da verdade, que, exatamente no dia 15 de novembro de 1970, o dia das eleições, fui despertado, às cinco horas da manhã, pela voz de Gonzaga da Gama, que me avisava de que era hora de levantar-me. O fato tocou-me tão profundamente que não pude conter as lágrimas...

GUARANÁ E ÁLCOOL NA FÓRMULA 1

De repente, "seu" Manuel "resolve" reformar o bar. Da noite para o dia, desocupa a casa, pinta-a, dedetiza-a, me-
lhora-lhe a aparência geral e reabre-a triunfante, como
se esperasse algum freguês especial.

Não dá outra coisa. Recebe a visita de três homens
engravatados, que lhe pedem licença para falar-lhe em
particular. Ao contrário de outras vezes, quando se in-
quietava muito em presença de qualquer visitante bem-
-vestido, o "patrício" mostra-se tranquilo, conduzindo os
recém-chegados a um compartimento onde há mesas e
cadeiras bem cuidadas.

Da conversa entre os quatro nada transpira, mas
sabe-se que transcorreu tudo bem, a julgar pelo ar des-
contraído com que todos se põem, ao final, a saborear
um conhaque que parece comemorativo.

Após as visitas, "seu" Manuel é outro homem. O
semblante sempre grave e tenso de outrora cedera lugar
a uma fisionomia alegre, quase jovial, chegando mesmo
a arriscar algumas piadas para os fregueses tradicionais,
que estranham a súbita mutação daquele lusitano só
preocupado em amealhar.

Mais tarde, uma guarnição da radiopatrulha chega ao local, revista a freguesia, recolhe dois suspeitos,

cochicha com o proprietário e beberica discretamente a um canto, saindo cordialmente, para maior estupefação de todos. E o bom português continua eufórico, dedilhando alegremente o teclado da registradora, talvez a antegozar alguma "surpresa", algum "lance imprevisto", que, por certo, mudaria o conceito de sua casa modesta, até ali só comentada na imprensa ao ensejo de um assalto num fim de semana chuvoso. Até então, a rotina. Agora, tudo mudado. Após aquelas presenças engravatadas, a reforma do bar começara a ganhar outra dimensão, antevendo-se um momento glorioso, que, afinal, acontece.

Manhã de sábado. A freguesia aumenta de repente, todos pedem ao mesmo tempo, desdobrando-se em vão os garçons para atender, quando entra um senhor bem-apessoado, de óculos claros e roupa esporte, aparentemente sozinho, embora muita gente se acotovele ao seu redor. "Seu" Manuel continua junto ao caixa, abre um longo sorriso em direção à porta, mas logo disfarça dando ordens aos garçons, espantados e trêmulos nos seus uniformes limpos e engomados.

O novo freguês não faz por menos: saúda os presentes com alegre "bom-dia para todos", aproxima-se do balcão, estende a mão aos mais próximos, espera pacientemente a sua vez e pede um café. Outros fazem o mesmo. Um garçom solícito dá-lhe prioridade, sacando uma xícara mais clara que as demais, novinha, deitando-lhe um café fumegante e cheiroso, como nunca se vira por ali. Enche outras xícaras, serve a todos com cuidado, mas o seu olhar de pasmo busca sempre o senhor de óculos que sorri para todos, distribuindo tapinhas nas costas dos que lhe estão mais próximos, enquanto, "por coincidência", um batalhão de repórteres, fotógrafos e cinegrafistas invade o recinto, filmando e fotografando a torto e a direito, certamente interessados em divulgar que aquele barzinho humilde fora pintado e reformado, estando em fase de abertura festiva.

Cresce, então, o alvoroço. Todos querem sair ao lado do cidadão sorridente que faz elogios ao café, aos fregueses, ao bar, aos operários que haviam participado da reforma, declarando francamente que, se algum dia, tivesse que construir uma daquelas casas de cinquenta mil cruzeiros, do BNH, não se esqueceria de contratar seus serviços, querendo todos na inauguração.

Era a consagração do bar, da clientela, do bairro e do "seu" Manuel, que não se contém no seu canto e vem, de braços abertos, cumprimentar afetuosamente o simpático freguês cuja visita torna histórico aquele recanto tão simples.

Dali por diante, ninguém mais se entende. Todos se esforçam para abraçar o senhor de óculos que revoluciona o ambiente, disputando a honra de, pelo menos, um aperto de mão. Circundando-o, porém, uns homens fortes dificultam polidamente o acesso direto ao cavalheiro desinibido, também um cavaleiro.

Há um princípio de tumulto. Algumas pessoas ficam com as costelas doloridas, outras perdem os sapatos, muitas saem pela porta dos fundos, enquanto o freguês bem-humorado, indiferente a tudo, paga despesas, concede autógrafos, beijando, por fim, uma criança da favela, ali trazida por um policial de serviço.

À saída, acena a todos, comprometendo-se a voltar com tempo para uma partida de bilhar. E entra a custo num táxi, senta-se ao lado do motorista, puxa conversa e segue para o Maracanã, onde o aguarda um Fla x Flu. Logo depois, retiram-se os fregueses de escol (não confundir com Skol), o bar volta à normalidade, sendo a *Tônica* da conversa a lembrança agradável de uma figura popular.

Além, *Brahma* o mar, fazendo também as suas ondas que vão acariciar a areia da praia, em cujo *traçado* adi*vinho* o trânsito de carros a álcool substituindo a energia *mineral,* já aprovados para, em futuro próximo, consagrar o nosso *guaraná* na Fórmula 1. Eis uma convicção que *trago* comigo, inspirada pela cena *Dubar.*

GUARATIBA

Guaratiba vive instantes de decepção e melancolia. Não digo de desencanto, para não pôr em dúvida o espírito cristão daquela gente pura e simples. Mas é, pelo menos, de abatimento e de vergonha o estado de espírito da população guaratibana, que o poder público esqueceu por completo, não lhe dando sequer o consolo de uma visita. Nem ao menos uma palavra de incentivo ou de esperança. Nem uma simples presença, ainda que só de cortesia, já não direi de inspeção. Nem uma providência, por mínima que fosse, em benefício do nosso povo. Aliás, para ser justo, visitas há, de vez em quando, até importantes. Não aquela visita de quem quer ajudar ou confraternizar, mas visita ocasional, circunstancial, motivada por outros interesses: ora é um amigo que quer comer um bom peixe à beira-mar, desligado dos problemas pessoais ou profissionais. Então, Guaratiba é logo lembrada; ora é um protegido qualquer, querendo traduzir sua gratidão por meio de lauto almoço. Então, Guaratiba é logo lembrada; ora é algum personagem ilustre que pretende conhecer belezas naturais, fugindo ao tédio do quotidiano. Então, Guaratiba é logo lembrada; ora é um ricaço que deseja investir em imóveis de valorização certa. Então, Guaratiba é logo lembrada.

Não é, porém, o povo que é lembrado, não é a comunidade, como um todo, que é lembrada: é a possibilidade de peixe fresco e camarão como em nenhum outro lugar. Não é a nossa problemática que é lembrada, mas a convicção de usufruir uma natureza exuberante, de refrigério total. Não é o nosso progresso que é lembrado, mas a garantia de uma exibição pessoal com os dons naturais da região, como se produtos fossem de trabalho perseverante e eficaz de algum administrador terreno. Não é a falta d'água que é lembrada, mas a expectativa de recompensa em transação imobiliária. Não é a morte gradual e inexorável da comunidade que é lembrada, mas a vida tranquila dos que nunca tiveram de lutar pela vida. Eis o retrato de uma área que a natureza protegeu especialmente; eis o que resta das nossas esperanças. Falar não adianta. Reclamar não adianta. Chorar não adianta.

Tendo nascido em Guaratiba, envergonho-me profundamente do estado de nossas ruas, ainda por asfaltar; envergonho-me profundamente dos loteamentos, onde, na maioria dos casos, falta tudo, inclusive escolas; envergonho-me profundamente das nossas praias, tão bem-dotadas pela natureza, mas tão entregues à própria sorte, sujas, sem policiamento adequado, sem transportes suficientes, sem assistência sanitária, telefones públicos quebrados, ajuntamentos noturnos, badernas nos fins de semana, crianças mergulhadas no lodo de valas infectas, promiscuidade, detritos, garrafas, papéis manchando a areia, pescadores explorados, a pobreza e o abandono gerando o desencanto, homens e mulheres tentando afogar no vício as tristezas e desesperanças. Tudo à espera de amparo governamental.

Eis o quadro com que nos deparamos: uma região tão prodigamente dotada pela natureza, a minguar dia a dia, a morrer lentamente, a sucumbir, condenada ao descaso e à indiferença, sem escolas de segundo grau, sem escolas profissionalizantes, sem hospitais, sem organização para um turismo regional, sem mão de obra qualificada, sem meios para sobreviver.

É hora, pois, de canalizar recursos, de arranjar verbas, de buscar dinheiro, a todo custo, para amenizar o sofrimento de Guaratiba, a terra onde nasci e pela qual vivo clamando, reclamando, protestando, pedindo, suplicando, implorando até, para que o Executivo realmente execute alguma coisa, faça alguma coisa que sirva, pelo menos, de consolo ou esperança. Se assim não for, iremos entrar em colapso, iremos desaparecer como coletividade, restando apenas os escombros da nossa destruição gradual, do nosso aniquilamento irremediável, da nossa desprezada impossibilidade de resistir por mais tempo. O que não pode continuar é esta mudez, este silêncio, esta noite sombria em torno das nossas dificuldades, cada vez mais crescentes e lamentáveis.

A DAMA DE OURO

Eu era ainda menino quando a vi pela primeira vez. Andava pelos dez anos. Recém-chegado a Campo Grande, vindo de Guaratiba para estudar no então curso de admissão ao ginasial, foi com encantamento que me deparei com uma paisagem bem diferente da que me era familiar. O casario à margem das vias principais, a Coronel Agostinho e a Dr. Augusto de Vasconcelos, a Avenida Cesário de Melo, o asfalto, a linha do trem, o bonde, a iluminação pública, o comércio, o vaivém dos transeuntes — tudo era pasmo para mim, que vivera isolado lá no Mato Alto, tendo apenas o rádio e a escola pública como fontes de ilustração.

Foi nesse clima de exaltação interior que conheci pessoalmente a professora Guiomar Barros Bastos. Eu descia a Rua Coronel Agostinho, ela estava à porta da Escola Técnica de Comércio Afonso Celso, a sua escola, que sucedera à Escola Modelo, que ela e o prof. Moacyr Sreder Bastos, seu marido, haviam fundado na parte mais elevada da rua. Quase em posição de sentido, dava entrada aos alunos do 2º turno, vestida e postada com sobriedade espartana. Diga-se ainda: era uma mulher belíssima.

Habituado ao rigor das professoras da minha

escola pública de Mato Alto, atraiu-me aquela postura singular, que, no meu entender de criança, acabava por qualificar o próprio estabelecimento de ensino, pelo qual passei a me interessar. Cheirava à ordem. Admirei-a a distância. Só muito depois, soube de quem se tratava, como e onde surgira o primeiro grupamento de crianças. Soube também da luta insana para vencer as primeiras barreiras, mas soube, principalmente, da alta qualificação moral e intelectual do jovem par, que se enamorara na adolescência, noivara e casara sob as bênçãos do cristianismo, unido pelo amor recíproco e à causa educacional.

O tempo passou. Ruidosa, a adolescência bateu-me à porta, e outras preocupações alvoroçaram-me a mente. Quando dei por mim, chegara aos 19 anos e exercia o magistério no Belisário dos Santos, concorrente do Afonso Celso. Retomei, então, o contato com a professora Guiomar. Conheci-lhe a família inteira, da qual me tornei amigo: o marido, os filhos Moacyrzinho e Maria de Lourdes, depois professores como eu. Maria Cristina, mais tarde também pedagoga, ainda não havia nascido. Pelo refinamento dos filhos, pude entender a mãe que ela era, pois a essência da tarefa de educar cabe à mãe.

Também mestre na arte de conviver, Moacyr Sreder Bastos tinha plena consciência disso e cumpria com exatidão o seu papel. Não admira, pois, que a família prosperasse. O colégio crescia. Mudou-se para sede própria. Os filhos formaram-se e passaram a integrar o corpo docente.

Líder nata, a professora Guiomar jamais quis sobrepor-se ao marido nas obrigações da direção. Amava-o antes de tudo, respeitava-lhe a condição de diretor, mas não abria mão do direito de opinar, sempre que tinha opinião divergente. Filha de portugueses, católica como os que mais o sejam, ia à missa e comungava diariamente, era exímia professora de matemática e dominava por inteiro todas as atribuições femininas do lar, cujo pleno exercício assumira nos tempos de vacas magras. Sabia, pois, mandar, e sabia obedecer, mas nunca foi subserviente, jamais se submeteu ao poder autoritário dos tolos. Em verdade, tinha uma personalidade forte, que administrava com perfeição. Era caridosa com quem de fato enfrentasse dificuldades de qualquer natureza, mas não era nada tola com os eternos aproveitadores. Distinguia perfeitamente a lágrima sincera do choro trapaceiro. Daí, a fama de durona. Para os menos informados, ela era apenas a "Dama de Ferro" do complexo universitário que se constituiu a partir da Escola Modelo, numa alusão a Margaret Thatcher, a ex-primeira-ministra inglesa.

Melhor seria dizer, todavia, que a professora Guiomar foi a alma de tudo, a inspiradora, a "Dama de Ouro" da educação na Zona Oeste do Rio de Janeiro, assinalando indelevelmente o seu edificante trânsito pelos caminhos da educação e da cultura, tal qual um raio de luz sempre e cada vez mais resplandecente, à medida que seus ex-alunos vão galgando posições de maior relevo na escala político-social do país, assim glorificando, pelos tempos afora, a obra imorredoura de Guiomar Barros Bastos, cujo recente passamento, aos 93 anos, tanto comoveu a comunidade.

ELEGIA PARA HELTON VELOSO

Só "um estilo grandíloquo e corrente" exprimiria a contento a grandeza moral e o fulgor intelectual do eminente brasileiro Helton Álvares Veloso de Castro. Só um Frei Luís de Sousa ou um Camões para retratar, prosando ou versejando, a vida e a obra do inolvidável mestre. Seu aluno ocasional e, logo depois, discípulo assumido, pela admiração que lhe devoto desde a meninice, confesso que não lhe herdei os atributos, tendo de contentar-me com dizer que os admiro.

Bem que os tenho cobiçado e perseguido, ao longo do tempo. Não é por falta de vontade ou perseverança. É que me faltam realmente os dons, isto é, em mim o nível de aspiração não coincide com o nível de aptidão para tarefa de tal magnitude.

Se antes pouco escrevi sobre ele, talvez por temer-lhe a reprovação, agora estou compelido a fazê-lo por forças incontroláveis. Deveres morais e deveres sociais, deveres profissionais e deveres sentimentais conduzem-me a mão.

Claro está que a emoção de agora não se confunde com a de qualquer outro momento. Por ocasião das comemorações dos 50 anos do nosso Colégio Belisário dos Santos, dirigi-lhe um discurso repassado da mais sincera emoção, repleto de imorredouras lembranças juvenis, partilhadas com amigos e colegas da época, o que talvez me tenha dado forças.

Como, porém, admitir o Dr. Helton morto, inerte, apagado para sempre do registro dos vivos? Nem mesmo a imortalidade do seu nome nos consola. O que, de fato, todos queríamos era tê-lo conosco, vivo, alerta, ativo, surpreendente e forte como todos os espíritos superiores.

Embora reconheça que já lhe pesasse o fardo da idade, não consigo conceber a Zona Oeste sem o admirável educador, sem aquele disciplinador nato, cujos gestos chegaram a constituir verdadeiros decretos e cujos elogios soavam como consagração, tal o prestígio que nele adquirira a palavra, ao curso de sua alongada e proficiente carreira de magistério, irresistível vocação a que cedo se entregou, a par de ter sido brilhante advogado, político voltado para as questões nacionais, historiador meticuloso, poeta espontâneo e orador de recursos incomuns, postura nobre e gestos comedidos, além de prosador chegado aos clássicos, a cujo estudo se devotou anos a fio, conhecendo-os profundamente.

Elegante de maneiras e de trajes, nunca se descuidou do seu refinamento pessoal e intelectual, abeberando-se nas fontes mais cristalinas da espiritualidade, vestindo-se com aprumo, personalizando-se pela postura sempre ereta, o que lhe dava ares aristocráticos, que administrava com sabedoria. Era naturalmente afável, muito polido até, nos limites da rigorosa educação que se impunha, mas nunca extravasava, nunca se deixava penetrar inteiramente, sem que isso revelasse indiferença ou desapreço. Era o seu modo de ser, a maneira como se impôs à comunidade, por cuja problemática se interessou sempre, sobretudo no campo educacional, onde pontificou, fosse por sua irrepreensível correção pessoal, fosse pela rigidez com que exerceu seus deveres de professor permanentemente preocupado com os rumos da educação, fosse, ainda, pela constante atualidade dos seus conceitos, embora se mantivesse conservador quanto aos métodos disciplinares, não abrindo mão do direito (ou do dever?) de exigir fidelidade absoluta aos princípios que estabeleceu como intransgressíveis.

Professor por mais de 60 anos, Helton Veloso fundou, há 50 anos, o Colégio Belisário dos Santos, uma verdadeira escola de civismo, cujos destinos geriu desde então, orgulhando-se do êxito alcançado, conquanto, reconditamente, escondesse a mágoa de não ter conseguido concretizar seu projeto quanto ao ensino superior, tanto o entristeceu a morte de Helton Veloso Filho, meu querido amigo, a quem caberia essa tarefa modernizante e ampliadora do colégio.

O desaparecimento do professor Helton Veloso encerra, portanto, uma das páginas mais gloriosas da educação na Zona Oeste do Rio de Janeiro, privando-a de uma de suas figuras mais expressivas, em todos os tempos, qualquer que seja o ângulo a examinar, empobrecendo sobremaneira a vida cultural e a advocacia, em cuja militância atingiu posição de relevo, não só pela sua competência profissional, senão ainda pela probidade e pelo domínio da língua portuguesa e do latim, ombreando com os nomes mais representativos da profissão no Estado do Rio de Janeiro.

Homem de ação, construtor inveterado, Helton Veloso não teve tempo para dedicar-se à literatura como prosador ou poeta, embora tenha produzido apreciáveis discursos e poemas, além de luminosos pareceres, relatórios e outras peças judiciais, todos com o selo da cultura, o que nos deixa antever aonde chegaria no terreno das letras se não se tivesse multiplicado por tantas e tão afanosas frentes de trabalho.

Figura exponencial no Instituto Campo-grandense de Cultura, do qual era dos mais talentosos sócios fundadores, o professor Helton Veloso desenvolveu, ainda, assinalável atuação comunitária fora do âmbito educacional, primeiro como militante da Imprensa Regional do então chamado Triângulo Carioca, ao lado dos seus amigos Moacyr Sreder Bastos, Mário Monteiro Alves Barbosa, Orlando Leal Carneiro, Manoel da Silveira Porto Filho e tantos outros, com os quais foi agora encontrar-se na eternidade. Foi ainda dirigente de entidades culturais, esportivas, recreativas e filantrópicas, entre as quais sobressaem o Grêmio Literário Joaquim Nabuco e o Cenáculo de Letras, fundados, respectivamente, em 1915 e 1926, o Rotary Clube de Campo Grande, o Lions Clube de Campo Grande, o Campo Grande Atlético Clube, o Clube dos Aliados e a Sociedade Musical 10 de Maio, tendo também dirigido os colégios estaduais Princesa Isabel, Barão do Rio Branco, Raja Gabaglia e Daltro Santos. Durante o Governo Carlos Lacerda, foi assistente do então secretário de Educação e Cultura, Carlos Otávio Flexa Ribeiro, biografia que o consagra entre os maiores vultos da comunidade desde a sua fundação, herdando à posteridade um edificante exemplo de fé e patriotismo, abnegação e sinceridade, espírito público e amor ao próximo, cujo ponto mais alto foi a criação do Colégio Belisário dos Santos, indubitavelmente sua realização máxima.

De Helton Veloso se pode dizer como Anatole France: "Alcançaste a imortalidade a que aspiravas.

Tudo quanto concebeste de bom e de belo perdura e nada se perderá. Lentamente, porém sempre, a humanidade realiza o sonho dos sábios".

Inflação no Maracanã

Cidade em festa. Toda a imprensa anuncia a grande decisão, o final do campeonato no Maracanã. Não há mais ingressos à venda. De vários pontos do país, deslocam-se caravanas de torcedores. O esperado jogo absorve todas as atenções, ocupando vastos espaços nos órgãos de divulgação. Ninguém cuida de outra coisa. O próprio presidente da República aproveita o feriado e parte para o Rio de Janeiro. No estádio, mistura-se ao povão, empurra e é empurrado democraticamente, apressando-se em achar um lugar. Por sugestão de Said Farhat, trocara a Tribuna de Honra pela arquibancada e sofre as agruras de qualquer torcedor em busca de melhor localização.

Suando muito, mas sem qualquer sinal de cansaço ou descontentamento, consegue, afinal, um cantinho. Senta-se, desenrola a bandeira tricolor que um servidor do Planalto lhe passa discretamente, agita-a, acompanhando as demais, saudando indistintamente outros torcedores, no gesto característico de solidariedade entre companheiros de clube, mesmo desconhecidos.

A segurança, muito bem disfarçada na multidão, movimenta-se nervosa ante a impossibilidade de proteger o presidente, cada vez mais anônimo entre milhares de pessoas.

Vestidos a caráter (de Fluminense dos pés à cabeça), três arenistas da cúpula procuram circundar o general, amparando-o contra qualquer irreverência da torcida adversária, enquanto a escolta civil continua tonta, temendo deixar-se trair, tornando perceptível sua ação protetora.

Indiferente a qualquer perigo, o presidente espera pacientemente o início do jogo, interessado em passar despercebido. Ora consultando o relógio, ora falando ao vizinho da esquerda ou da direita (não confundir com "de esquerda" ou "de direita") faz comentários sobre a partida, sempre atento a qualquer deslize denunciador.

O jogo vai começar. O chefe do governo ajeita os óculos, desligando-se momentaneamente de sua honrosa condição. É, então, apenas mais um joão a ver o seu time jogar. Nenhuma preocupação lhe povoa a mente. Tudo quanto lhe pudesse desviar a atenção do futebol deixara trancado em Brasília, a sete chaves. Pretende ser, naquele instante, um homem livre, liberto do peso da glória, longe do aulicismo enervante das comitivas oficiais.

Bola em movimento, jogadas nervosas, medo de um gol traiçoeiro logo de início. Todo o Maracanã em silêncio, na expectativa do primeiro lance emocionante.

O presidente deleita-se com a peleja, que começa a definir-se favorável ao seu Fluminense, mas muito mais se alegra com o repousante anonimato. Nenhuma deferência nem protocolo. Pode torcer e gritar como qualquer um. Pode até xingar o juiz, se quiser. Sarney longe, Ulysses meditando em casa sobre a anistia, nenhum papel a assinar. *Que beleza! Como é bom viver obscuramente!* — pensa.

O jogo prossegue, melhorando consideravelmente a atuação do time. Embora não tivesse anunciado a ida ao estádio, tem a impressão de que o Flu joga na base do "Dadá Maravilha", buscando, a todo custo, o "gol presidencial", em sua homenagem. Acha graça e logo se desfaz da ideia.

De repente, confusão na área, a multidão se levanta, impedindo-lhe a visão, alguém chuta. É gol do Fluminense! Levanta-se também e pula, confraternizando. O estádio inteiro é só vibração. Foguetes espoucam ao seu lado, gritos, interjeições de júbilo, misturados com palavras menos recomendáveis, invadem-lhe os ouvidos atordoados. Mesmo assim (e talvez por isso mesmo), está feliz. Além do gol, saboreia a tranquilidade do anonimato.

Mais algumas jogadas notáveis de lado a lado, momentos sensacionais e, inopinadamente, o segundo gol. É a garantia do campeonato, a certeza do troféu ambicionado. Logo depois, o fim do primeiro tempo. Gente pulando por cima de gente. Gente atirando cascas de laranja. Gente lançando latas de cerveja, gente brigando por qualquer razão, e o presidente ali, firme, de roupa esporte, fumando também, doido para acertar um direto no sujeito que lhe pisou provocantemente o pé, ignorando-lhe por certo o preparo físico e a posição ilustre.

Tudo azul! Mais bonito, só o plano do Rischbieter para conter a inflação.

Antes que se inicie o segundo tempo, senta-se ao lado do presidente um nordestino baixinho, cabeça chata, com um jornal na mão. Abre-o, inconvenientemente, na página de economia. Parece procurar algo especial. Súbito, cutuca o braço do presidente e pergunta de modo íntimo, sem saber com quem fala, algo sobre a inflação. João Batista faz que não ouve e olha para o centro do campo, onde já se encontram outra vez as duas equipes. Felizmente, a peleja recomeça, mas o baixinho insiste, querendo saber a opinião do companheiro sobre a elevação constante do dólar, sobre o problema do petróleo, da dívida externa, do balanço de pagamentos etc. Sem desviar a atenção do gramado, o presidente responde-lhe sucintamente e procura atraí-lo para o jogo, cada vez mais emocionante. O teimoso não se rende. Faz considerações sobre a política energética, critica ministros, cita dados estatísticos e lamenta a superficialidade da oposição, que deseja aguerrida e contundente. A essa altura, o presidente já não sabe como dividir-se entre o futebol e o nordestino. A segurança redobra os cuidados. Então, a pretexto de comprar cigarros, o chefe da nação ergue-se e desaparece na multidão embevecida.

O baixinho aproveita o lugar vazio, esparra o jornal e tenta puxar assunto com outro torcedor. Indaga sobre a inflação, mas a conversa não vai adiante, cortada pela raiz:

— Por que não vai a Brasília perguntar ao Figueiredo?

Natal da Portela

Ao mesmo tempo em que traz comodidade, o progresso nas comunicações não deixa de importunar, e até de deprimir. "Camboja não se rende!" — diz a manchete. "Jacqueline viúva outra vez" — lê-se em primeira página. "Quem vai adotar um bebê importado?" — pergunta a folha interior, que também aponta inconvenientes no divórcio.

Este é o mundo em que vivemos, ou melhor, em que vamos morrendo a cada dia, na avidez desenfreada com que buscamos prolongar a vida: vitaminas, sais minerais, pílulas rejuvenescedoras, tônicos disso, tônicos daquilo, operações plásticas, romarias a lugares santos... Eis a ânsia humana pela materialidade, tão mal disfarçada em ocasionais demonstrações de afeto.

Foi nesse tumulto de contradições, controvérsias e incertezas que nasceu Natalino José do Nascimento, Natal da Portela para os íntimos. Vinha de lar pobre, todos o sabiam e proclamavam. Que fosse rico, muitos imaginavam. Mas que gastara tudo quanto ganhara entre a sua gente, poucos acreditavam ou queriam saber...

O que a filosofia leva, às vezes, séculos para provar, mostra-o facilmente o cotidiano, sem rebuços, sem pesquisas, por si mesmo. Desde a mais remota antiguidade, porém, discutem as escolas filosóficas sobre o que mais convém ao homem como criatura de Deus: se viver vida longa, acrisolando o espírito entre os mortais para depois usufruir bem-aventuranças nos páramos celestiais, ou abreviar, quanto possa, o trânsito terreno, indo logo ao encontro da espiritualidade.

Natal não sabia nada disso. Não era filósofo, mas, mesmo sem estudar Filosofia, tinha a sua própria filosofia. Não sei se digo bem, para expressar que tudo quanto lhe negou o mundo térreo em intelectualidade sobejou-lhe a Providência em grandeza interior, em alma, em vontade de servir e de ser bom — em uma palavra, em esforço para redimir-se, talvez ante si próprio, daqueles pecados que lhe eram atribuídos, tributos da popularidade.

Não sendo o momento propício a indagações de tal ordem, cumpre falar do lado positivo de sua vida, do bem que praticou, do que compartilhou com a pobreza. Dos gastos inestimáveis com a sua Portela, paixão que lhe consumiu a mocidade e o dinheiro.

Que homem estranho! Não fez cursos de liderança, mas era líder, congregando ao redor de si uma comunidade pobre que o idolatrava. Poderá alguém objetar que foi autocrático, que impôs sempre, que fez prevalecer a sua lei. Que seja! Mas nem poderia ser de outro modo. Tendo plena consciência do quanto cada qual estaria apto ou disposto a dar-lhe, retribuía a todos segundo o mérito e as intenções de cada um, antecipando-se sempre, para obsequiar ou para magoar, para cortejar ou para atacar, que não esperava o outro dia para conferir.

Era astuto. Moço pobre, teve coragem para enfrentar a vida. Doente, não se intimidou nem esmoreceu. Apenas mudou de tática e de ramo, mas continuou trabalhando. A seu modo, é verdade. Diríeis, ainda, que foi contraventor. E realmente o foi. Mas quantos neste País não contrariam a lei? Nem por isso se sabe da prodigalidade de tantos, ou da perseverança, ou mesmo da obsessão em ver alguém fora do submundo do analfabetismo.

Natalino era mesmo diferente. Vindo do nada, queria tudo para todos. Não sambando, amava o samba. Não estudando, multiplicava o número de doutores. Sem um braço, com o outro comandava de forma admirável. Fugindo à polícia, punha a polícia atrás de alguns. Negro, os brancos o amavam.

Pela Portela, brigou, chorou, fez tudo... Elevou-a ao ápice da fama internacional.

Mas, triste sorte! Gente de escola de samba não tem biografia. Falo de biografia escrita nos livros, pelos homens que sabem medir as virtudes e os defeitos dos outros. Natal, esta certamente você não terá, só lhe restando, portanto, para consolo dos amigos e memória da posteridade, a que o próprio povo escreveu espontânea e coletivamente: o deslumbramento do carnaval fascinante que ajudou a criar, o espetáculo inédito dos funerais de rei, o soluço sincero de quem se sentiu apequenado e pobre com a separação, a dor profunda de quem desmaiou, a lágrima furtiva de quem, pensando ser forte, foi ao enterro e não resistiu; a mágoa dos companheiros de noites indormidas, na agonia do resultado incerto; a gratidão dos bacharéis que formou; a indecisão policial ante a magnanimidade do seu coração. O último beijo no estandarte que não mais verá, o alarido das multidões eletrizadas quando a Portela explodia na avenida.

O coração não poderia mesmo resistir. Parou de cansado, para sempre, oprimido pela tensão das emoções que reprimiu.

Natal morreu, meus amigos, e Madureira ficou menor. Menor, porque perdeu a alma e o coração. Menor, porque perdeu o entusiasmo. Menor, porque perdeu o esplendor da vitória almejada, menor porque perdeu a esperança de ver-se reabilitada na eventualidade de uma derrota desoladora. Menor, enfim, porque perdeu a alegria de ser toda de Natal.

Pela Portela, brigou, chorou, fez tudo... até morreu.

O EXERCÍCIO DA VIDA PÚBLICA

Sou um atleta, não o nego. Pratico quase todas as modalidades esportivas. Resultado: vida saudável e permanente disposição para a luta. Vitorioso na atividade intelectual, nunca me esqueceu a convivência com o esporte, o que me assegura, ainda, invejável porte atlético. A verdade é que, desenvolvendo-me globalmente desde a infância, logo adotei a filosofia da *mens sana in corpore sano*, sendo justo confessar que devo a cada esporte muito do meu êxito político, tendo cada qual contribuído, de algum modo, para a perfeita harmonização entre a minha forma física de hoje e a postura de homem público.

Não sei se me faço compreender para explicar a relação existente entre as atitudes políticas que sou forçado a tomar e os esportes por mim praticados na nova fase da minha vida pública, honrado que fui com um mandato eletivo. Para melhor esclarecimento, exemplifico: na corrida rústica, comecei a preparar-me para a disputa do honroso posto em que me encontro. Nunca imaginei, entretanto, houvesse tantos empecilhos para a conquista de um cargo político. Pior, porém, é que quase não treinei. Quando menos esperava, alguém me sugeriu que entrasse na competição eleitoral, empurrando-me para ela sem muitas explicações, não dando ouvidos aos meus protestos.

Embora não entendendo o que se passava, segui as instruções do *técnico*, compenetrei-me da nova condição e aguardei a largada. Pouco antes, descobri, surpreso, que não havia competidores. Disputaria sozinho o primeiro lugar, não havendo possibilidade de derrota. Um tanto acabrunhado, quis recuar, mas não mo permitiram. Explicaram-me que era assim mesmo, que o concorrente desistira, mas a corrida seria realizada de qualquer maneira.

Não habituado a tais práticas, foi sob constrangimento que admiti correr, ainda que me dissessem ser usual prosseguir em tal circunstância. Fiel cumpridor de ordens, não me cabia discuti-las. Então, "vim, vi e venci", como dizia um coleguinha meu chegado aos italianos.

Após a vitória tranquila, quando tudo parecia normal, foi ao boxe que recorri para afastar repórteres impertinentes que pretendiam saber demais. Se não os atingi fisicamente, por impedimento regulamentar, acertei-lhes verbalmente alguns diretos, pondo-os a nocaute sob os olhares impacientes de um *juiz* polivalente que supunha entender de tudo. Mas, ao contrário do que ensinam os desportistas, ali o importante era vencer. E eu estava vencendo.

Outros tropeços sobrevieram. Não mais podendo empregar os métodos de Cassius Clay, no hipismo é que busquei a fórmula salvadora, saltando, lenta e gradualmente, sobre os que se me deparavam, desde a surpreendente vitória nas urnas de certo governador até a saída de um ministro de Estado. Devo dizer, sem modéstia, que foram saltos perfeitos, não se registrando nenhum senão, apesar da necessidade imperiosa de cumprimentar o eleito, tendo ainda de considerá-lo amigo, o que fiz a contragosto, para evitar cisões.

A princípio, tive de me valer da natação para melhor agir, já que eu estava boiando na maioria dos assuntos que me eram apresentados. Refazendo-me do impacto inicial, atirado que fui do alto do trampolim, sem qualquer preparação, mergulhei no estudo dos problemas nacionais, nadando quilômetros e quilômetros em busca de uma ilha que me abrigasse das ondas da oposição, cada vez mais altas e rumorosas. Pouco versado em tais manobras, recordei o remo nos entendimentos com Lula e os "sem-patrão", voltando a usar, mais tarde, o incômodo nado de costas na tentativa de ir adiante, sem descuidar dos adversários, já chamados de inimigos.

Hoje, só hoje, vejo quão proveitosas foram para a minha vida pública as lições hauridas nos prélios esportivos e nas pelejas juvenis, que me proporcionaram, desde então, a necessária mobilidade física para que desde cedo eu me adaptasse aos rigores da carreira política, cujos percalços só agora posso avaliar com justiça e exatidão.

Enfrentando todos os dias uma barra bem pesada, faço evoluções acrobáticas sobre um cavalo imaginário, o que me dá flexibilidade bastante para lidar na arena política, de onde fogem espavoridos, à primeira investida do touro oposicionista, os capinhas da eterna vigilância. Sinto, portanto, que, para bem governar um país não bastam as teorias intelectualizantes e os estudos superiores em que me aprofundei. Para fazê-lo vitoriosamente, é mister, antes de tudo, ser um desportista, ter um bom preparo físico para enfrentar o vigor intelectual com que os despreparados fisicamente pretendem vingar-se do mundo.

Tendo, ainda, de saltar grandes distâncias, transpondo a quase intransponível barreira representada pelas multinacionais, concluo que só mesmo a destreza, a estrutura física, a pertinácia e o patriotismo de um atleta completo como o "João do Pulo" podem ajudar a conduzir com acerto os destinos de uma nação.

O JORNALISMO SEM DRUMMOND

Tão apreensivo quanto desalentado, li que mestre Carlos Drummond de Andrade vai ausentar-se definitivamente da imprensa diária, depois de tê-la servido e engalanado, durante 64 anos, com o fulgor de seu invejável talento literário, alegria e refrigério nestes tempos de exasperação e volúpia consumista.

Dentre as razões invocadas para tão surpreendente decisão, uma me pareceu louvabilíssima: a intenção de ceder lugar aos chamados pardais novos, expressão usada pelo poeta Manuel Bandeira para batizar os novéis escritores em sua perseverante e infatigável peregrinação aos autores já famosos, à cata de uma palavra abonadora, de preferência por escrito, para "os seus primeiros ensaios de voo no céu da poesia".

Razões outras haveria a justificar a insólita deliberação, não fosse Drummond o homem e o artista que é. Primeiro, já passou dos 80, o que, até no trânsito, sempre expõe a maior perigo; depois, quer por certo o poeta sentir a inefável sensação da aposentadoria espontânea, desburocratizada, enquanto ainda com vigor físico bastante para saboreá-la mineiramente, tornando-a mil vezes mais apetecida do que a famigerada compulsória, ou expulsória, fim inexorável de todas as esperanças e ilusões.

Finalmente, o festejado autor de *Boca de Luar* aspira a experimentar a desejada tranquilidade de não ter mais patrão, a dulcíssima felicidade de acordar diariamente, madrugando ou não, sem o fardo sufocante de compromissos inadiáveis com duas ou três laudas, até mesmo nos dias do mais completo alheamento, quando o espírito divaga despreocupado pelas insondáveis regiões da fantasia e do sonho, sem obrigações com o cotidiano, querendo apenas espairecer vadiamente nos páramos da eternidade, aquele recanto de sossego absoluto em que o convívio com o imaterial robustece a fé, inspira ternura e consolida convicções ainda pouco amadurecidas sobre o real significado do nosso trânsito terreno, estágio probatório, antes do ingresso definitivo no mundo da espiritualidade.

Sob esse clima psíquico-espiritual é que o poeta pretende viver. Nada de compromissos intransferíveis com a matéria, ou as matérias dos jornais, nada de matutinos despertares para a multiplicação inútil de mais alguns trocados a se somarem à sua modesta poupança de homem de bem, e não de bens. Nada de tentar ubiquidades impraticáveis para testemunhar tudo e discorrer sobre tudo. Nada de conferir textos apressadamente, sem antes senti-los e trabalhá-los bem, para atender a exigências do redator-chefe, quase sempre paradoxalmente alheio ou indiferente à imperiosa necessidade de burilar uma metáfora ou examinar o ritmo fraseológico.

O afastamento do colunista teria pleno cabimento e geral aceitação se o nosso Drummond não nos tivesse viciado e embriagado, por tanto tempo, com a suavidade de sua palavra mágica e envolvente, fosse falando da crise econômica ou simplesmente lembrando a invencível solidão do homem na sociedade desembestada em que vivemos. Como enfrentar, pois, a ausência de figura tão imprescindível ao nosso relacionamento diário? Quem ousaria substituí-lo? Nem o amigo mais íntimo, por mais competente que fosse. Nem mesmo a filha, Julieta, flor ainda mal desabrochada intelectualmente para tamanha responsabilidade, estilo ainda carente da decantação que só o tempo confere, o que, longe de deslustrar-lhe os méritos, realça a juventude e o futuro promissor da apreciável escritora.

Bem sei que não temos o direito de exigir mais a quem tanto e tão desinteressadamente já nos deu. Mas, a verdade é que, sem o Poeta Maior, os jornais (e não apenas as páginas literárias) não serão mais os mesmos. A crise econômica, a criminalidade, os escândalos administrativos, as transas da sociedade, o noticiário esportivo e os editoriais vão amargurar irremediavelmente o dia a dia do leitor, agora sem a reconfortante leitura de uma página do eterno Drummond para aliviar tensões e inspirar divagações pelo mesmo mundo da imaterialidade para onde o poeta desejou voltar-se totalmente, depois de tê-lo materializado para nós.

Não fora Carlos Drummond de Andrade o ocupante de tão honroso lugar, confesso que até eu me arriscaria a remeter meu modesto currículo para a redação do jornal, a ver se lograria a concretização da suprema aspiração de todo escritor, pardal novo ou não: ter uma coluna diária num grande jornal, privilégio a que o inconfundível mineiro renunciou para sonhar tranquilamente os sonhos que nos fez sonhar.

Como todo candidato em potencial, devo afirmar enfaticamente que não tenho pretensões à vaga de

Drummond na imprensa, a não ser que alguém insista muito, apelando para o meu espírito público. Pardal novo, prefiro ocupar, mais tarde, a cadeira que o poeta sempre recusou na Academia.

Os compromissos da oposição

Não basta apoiar a eleição de Tancredo Neves. Urge, acima de tudo, prestigiar-lhe a ação administrativa, cuidando que a classe política tenha suficiente espírito público para compreender as altas responsabilidades de um governo democrático, que se inicia sob a égide da probidade e da esperança, depois de tão consagradoramente avalizado na praça pública, nas mais memoráveis concentrações cívicas da História do Brasil.

Não se deve, pois, esperar que a nova máquina governamental se componha segundo critérios exclusivamente políticos ou pessoais, sem levar em conta a idoneidade e a competência dos postulantes a cargos públicos, especialmente na área ministerial, sendo imperioso que o primeiro escalão do governo (a maior preocupação de Tancredo Neves até 15 de março) evidencie logo claros sinais de mudança de filosofia político-administrativa, prenunciando outros tempos.

Ministeriáveis, sempre os há da melhor categoria, disponíveis ou não, pelo País afora. O que nem sempre existe é liberdade de escolha, decorrendo certas nomeações de um emaranhado de pressões e compromissos políticos, em detrimento da qualidade, com reflexos negativos para toda a Nação. O ideal seria, entretanto, que o presidente eleito pudesse recrutar seus colaboradores imediatos nas hostes dos partidos que lhe deram sustentação eleitoral, conciliando assim os acertos políticos com as exigências técnicas dos cargos a preencher. A par, porém, de influências outras, de caráter subjetivo, tidas por inevitáveis, ocorre que alguns dos verdadeiramente ministeriáveis, por sua honorabilidade e capacidade realizadora, conquanto sumamente honrados com as gestões em torno dos seus nomes, nem sempre se deixam seduzir pelas incertezas da vida pública, preferindo a objetividade da empresa privada onde realizam obra administrativa de maior expressão, o que tampouco significa dizer que fariam o mesmo no desempenho de um cargo da relevância e da abrangência de um ministério, tendo em vista as diferenças de métodos, recursos e objetivos.

Acontece, ainda, que o eventual êxito num setor público de âmbito regional nem sempre credencia à obtenção de resultados favoráveis em termos nacionais, ficando, pois, evidenciado o quão difícil se torna compor um governo, como é o caso do que irá instalar-se em breve e do qual tanto se espera, o que exige compreensão ainda maior.

Atributos pessoais e políticos para tarefa de tal magnitude não faltam a Tancredo. Homem provado na vida política, com os mais relevantes serviços prestados à Pátria, dele se deseja não só a superação desses obstáculos iniciais, mas de quantos se lhe oponham aos propósitos de consolidar a normalidade democrática e promover a prosperidade do povo, não se podendo duvidar de que esse eminente brasileiro saberá aquinhoar desigualmente os desiguais na formação do seu ministério, tendo o mérito como principal parâmetro da avaliação dos seus auxiliares, já que, raras vezes, o nível de aspiração dos pretendentes coincide com o seu nível de aptidão.

A esse respeito, bastante tranquilizadoras foram as palavras do vice-presidente Aureliano Chaves, que de antemão declarou que não pressionará o presidente Tancredo nas nomeações, não só porque julga imprescindível que o presidente da República tenha plena liberdade na composição do seu ministério, mas também porque confia em que Tancredo Neves possui a dimensão exata da contribuição do grupo que lhe assegurara a vitória na campanha presidencial e do valor pessoal dos seus integrantes, podendo, pois, escolher livremente, formando uma equipe à altura das grandes responsabilidades solenemente assumidas sob entusiástico aplauso popular.

Assomando ao poder em clima de intensa expectativa, ao termo de 20 anos de árdua luta contra o regime autocrático, despertando esperanças há muito adormecidas, não se pode descaracterizar a oposição, sob pena de decepcionar, devendo manter-se exemplarmente fiel aos princípios democráticos que a levam ao topo, não se desviando dos seus compromissos com a restauração da moralidade administrativa e a consolidação da normalidade institucional, além de combater a inflação, sanear as finanças, honrar os compromissos internacionais do País, sem afronta à soberania nacional, colocando a máquina administrativa a serviço de um povo cujo padrão de vida deve refletir o estágio material da Nação, fruto do labor anônimo e patriótico de cada brasileiro.

Tendo o povo como inspirador e agente das transformações político-sociais em marcha entre nós, depois de tão ardorosa e eficazmente defendidas nas ruas, sob a bandeira da abertura política empunhada pelo presidente João Figueiredo, impõe-se que o patriotismo, a austeridade, a competência, a desambição pessoal, a perseverança e o espírito cristão presidam à formação e ao exercício do novo governo, assinalando, de fato, uma nova era para a sociedade.

UMA PEDRA NO CAMINHO DE DRUMMOND

A *Notícia* de *Última Hora* saiu em *Manchete* num *Jornal de Brasília*, o *Correio Brasiliense*, que explorou o assunto com *Fatos e Fotos*. *Veja*: "Drummond troca a *Tribuna da Imprensa* pelo livro". *O Estado de S. Paulo* e o *Jornal da Tarde* deram também o merecido destaque à matéria, a *Folha de São Paulo* nem se fala... Dizem que o *Estado de Minas* fez até editorial. *O Globo*, "o maior jornal do país", foi discreto, mas um *Pasquim* do interior escancarou, com uma *Gota de Veneno*: "*O Radical* de outrora passou a ser *O Liberal* amante do *laissez-faire*. Adeus à *Luta Democrática* que, intransigentemente, sempre sustentou na *Tribuna Popular*, indo ao encontro do *Sentimento do Mundo*, não temendo as *Relações Perigosas* ao defender o melhor *Para Todos*... aquilo que *O Povo* considera indispensável à sobrevivência da *Gente* humilde. Não que algo tenha melhorado, ao contrário..."

Foi, porém, a louvável vontade de dar a vez a um dos milhares de colegas desempregados em todo *O Paiz* que precipitou a iniciativa do ex-redator-chefe do *Diário de Minas* e fundador de *A Revista*, já havendo mais de um milhão de candidatos à vaga, conforme a *Gazeta de Notícias* e o *Jornal do Commércio* vinham anunciando hiperbolicamente, com o mesmo desassombro com que o *Diário de Notícias*, o *Correio da Manhã* e *O Jornal* sempre haviam denunciado outros fatos igualmente vergonhosos para a nacionalidade, enquanto foi possível resistir.

Homem de larga *Visão* política, *O Fluminense* de Itabira, *Fazendeiro do Ar*, ou "fazendeiro sem fazenda" como tantos lhe chamam, depois de meticuloso *Exame* da situação caiu na dura *Realidade*, Isto É, decifrou o *Claro Enigma*, concluindo que *O Cruzeiro* já não remunerava satisfatoriamente, na imprensa, nem mesmo *Contos de Aprendiz*, decretando então *A Gazeta* a partir de *Zero Hora* de 1º de outubro de 1984 para dedicar-se por inteiro ao livro e à família, convicto como estava também de que *Ele & Ela* é que lhe tocam o coração, inspirando *Novos Poemas*, de beleza superior a "Os Camponeses" e *A Fugitiva*,[2] traduzidos com mestria.

A *Tendência* do poeta é ficar em *Casa*, *O Dia* inteiro, em *Cadeira de Balanço*, a compor em *Versiprosa*, ou refazendo a *Seleção* de sua magnífica *Antologia Poética*, não confiando em *Seleções* feitas por outros autores, a pedido ou não do *Jornal de Letras*. Quer ainda o grande vate entrar em fase *Nova* e mais *Criativa* no terreno da arte, buscando *Alguma Poesia* descomprometida com o *Pássaro Azul*, *Os Beija-flores do Brasil* e *As Artimanhas de Scapino*, não mais alimentando a *Ilusão* de ser lembrado como cronista do *Diário do Povo*. Se, porém, arrependido, voltar ao *Balcão* de emprego, Drummond não o fará em nenhum *Jornal do Brasil*, procurando recuperar de outra forma *El Tiempo* perdido a serviço de *La Prensa de La Nación*, descobrindo, finalmente, que

---

2 Nota do editor: Honoré de Balzac e Marcel Proust, respectivamente.

"Time *is money*", razão pela qual não aceitaria ser sequer *O Gerente* de *Jornal Nacional*. Jamais voltará, portanto, ao jornalismo por qualquer *Tico-Tico*, para não perder--se nos *Caminhos de João Brandão*, passando *Fome*. Mas, a maior aspiração do ex-chefe de gabinete de Gustavo Capanema é aprofundar ainda mais a vida *Amorosa* com a eterna *Noiva*, de quem e para quem nunca faltou uma palavra *Amiga*, lembrando as *Confissões de Minas*, *Os Dias Lindos* e os *Passeios na Ilha* em *Boca de Luar*, curtindo um romance sempre desejado por *Pais & Filhos*. Não seria *Desfile Privé* ou *Fiesta* com qualquer *Manequim* no *Capricho* que iria alterar o *Placar* de sua vida sentimental. Nunca teve vocação nem *Status* de *Playboy*. Podem tirar o cavalinho da chuva *Cláudia, Bianca, Sabrina e Júlia*, meninas do *Vogue, Brejo das Almas*. *Dona Rosita, A Solteira*, e *A Rosa do Povo*, também. Aliás, qualquer *Mulher*.

A verdade é que, mesmo de papo pro ar em seu triplex de Copacabana, com *A Vida Passada a limpo* e a *Viola de bolso novamente encordoada*, mergulhado no *Jornal dos Sports* ou fazendo *Palavras Cruzadas*, Carlos Drummond de Andrade será sempre, de agora em diante, a incansável *Sentinela da Liberdade à beira do mar da Praia Grande*, querido, respeitado, admirado por todos, depois de ter produzido *Obra Completa*. Afinal, *Senhor*, ninguém é de ferro...

Presente há mais de 70 anos na vida literária do país, *o poeta lúcido e límpido/ que é Carlos Drummond de Andrade/* pode até dar-se ao luxo de esnobar em cima de *Quatro Rodas*, depois de ter cantado *O Rio de Janeiro em Prosa & Verso*: "Pra ter *Fon-Fon*, trabalhei, trabalhei".

Esse incrível Drummond não está no *Gibi*!

PMDB: Unidade ou derrota

A unidade do PMDB fê-lo vitorioso. A campanha pelas eleições diretas e a vitória no colégio eleitoral o atestam cabalmente. Também as eleições majoritárias de 1986 se caracterizaram pela unidade partidária, desta feita ao influxo do chamado Plano Cruzado, em cujos primeiros meses de vigência o povo se sentiu plenamente gratificado pelo apoio moral dado a Tancredo Neves, ainda eleito pelo colégio eleitoral.

Sem entrar no mérito (ou demérito?) das razões político-administrativas que motivaram o fracasso do plano, importa considerar que à unidade partidária se creditam todos os êxitos de então, só começando o governo a fragilizar-se a partir das mesquinhas disputas internas dentro do PMDB, em cujo nome passaram a falar suas vozes menos autorizadas, cristãos-novos ainda não suficientemente identificados com a filosofia do partido, mas já bastante interessados nos dividendos eleitorais que a sigla pudesse oferecer.

Por sua vez, embevecido com o resultado político já atingido, deixou-se embalar o alto escalão governamental pelos louros da vitória precocemente festejada, cedendo espaço a certos grupos cuja estratégica presença no governo fazia o jogo de interesses financeira e economicamente mais objetivos, a quem o simples entusiasmo popular não seduzia nem bastava. Houve, então, o que todos sabem, ficando claro que era preciso recompor o governo de forma mais afinada com os compromissos solenemente assumidos em praça pública, nas mais entusiasmadas e entusiasmantes manifestações cívicas da História do Brasil. Sobrepondo-se, porém, ao bom-senso político e à conveniência popular, generosas fatias do bolo governamental foram ter a bocas que jamais se abriram em defesa do programa do PMDB, enquanto devotados servidores da causa peemedebista ficavam relegados a humilhante ostracismo, em plena vitória, provocando "ampla, geral e irrestrita" decepção, seguida de debandada, ora integrando-se os descontentes aos grupos políticos que até então combatiam, ora criando novas siglas partidárias, algumas das quais adquiriram certa notoriedade.

Foi, portanto, extremamente danosa para o PMDB a sua desagregação, não só porque enfraqueceu politicamente o governo, mas também porque ensejou o crescimento da oposição, que sempre apostou na divisão do maior partido governista e aproveitou-se dessa fragilidade para explorar os erros do governo, que alcançaram maior amplitude na pregação oposicionista, em cuja estratégia está flagrante a intenção de desacreditar, perante a opinião pública, não apenas o governo, mas particularmente o PMDB —, diuturnamente trabalhada pela máquina publicitária da oposição, em alguns casos municiada e azeitada por inconfessáveis interesses internacionais, como no caso da Amazônia, para o interior da qual já se voltam os cavalos de troia da ambição estrangeira, sempre ou quase sempre aplaudida pela ingenuidade tupiniquim, ainda hoje seduzida pelas miçangas.

Ao PMDB não basta desligar-se do governo, o que soaria como manobra eleitoreira. Urge, ao contrário, exigir-lhe energia, transparência, seriedade e ação fecunda em favor do povo, combatendo sobretudo os que tentavam inviabilizar o Plano Verão, última tentativa válida para redimir o governo e o próprio PMDB. É mister, ainda, reaglutinar o partido, uni-lo em torno de quem possa levá-lo à vitória, reconquistando, fortalecendo e prestigiando suas lideranças mais expressivas no Brasil inteiro, única fórmula de evitar a vitória de quem nada fez por merecê-la.

Poder econômico e Constituinte

Há muito venho denunciando a crescente e perniciosa influência do poder econômico junto ao Legislativo, em todos os níveis. Ainda no exercício dos três mandatos federais com que tão generosamente me honrou o povo fluminense, por diversas vezes, quer da tribuna, quer através da imprensa, alertei a nação para esse imenso problema, que põe em perigo a legitimidade e a grandeza dos mandatos parlamentares, sufocando as verdadeiras lideranças comunitárias pelo país inteiro.

Claro está que não me refiro aos líderes políticos de origem abastada ou de fortuna decorrente de trabalho perseverante e sério em atividades empresariais, em nada desmerecendo a riqueza quando honesta e insuspeitamente adquirida, podendo eu mesmo dar testemunho da elogiável dedicação à vida pública de vereadores, deputados e senadores reconhecidamente ricos, não devendo, portanto, a posse de bens materiais constituir-se numa condenação geral.

Mas o que fere a consciência nacional é a desfaçatez com que grupos sabidamente desonestos estão jogando tudo na política, desequilibrando o mercado eleitoral com propostas mirabolantes, em dinheiro vivo e até em dólares, com vistas às próximas eleições, ocasião em que se travará uma luta de vida ou morte por uma vaga naquele órgão, multiplicando-se o número de cidadãos riquíssimos, muitos dos quais sem qualquer vocação política ou espírito público, que vão disputá-la pessoalmente ou, pelo menos, patrocinar candidaturas, comprometendo-as com o que há de mais corrupto e impatriótico, servindo as honrosas exceções para justificar a regra.

Envolvendo todos os interesses nacionais, a Constituinte tornou-se alvo e instrumento das mais degradantes negociatas, atraindo aventureiros da pior espécie, todos sedentos de poder, visando ao uso inescrupuloso das prerrogativas do Poder Legislativo para satisfazer os mais torpes impulsos de ambição pessoal e desamor pela pátria, assim deturpando e aviltando o sentido da participação popular no processo eleitoral, correndo rios de dinheiro em troca de votos, o que, por certo, aniquilará irremediavelmente as legítimas vocações e lideranças políticas, todas elas penosamente construídas à custa de inestimáveis sacrifícios, que, às vezes, incluem a própria saúde, no louvável propósito de bem servir, fato agora praticamente irrelevante para quem aspira a disputar uma cadeira no Legislativo.

Impõe-se, portanto, que a sociedade se previna contra os candidatos que estão oferecendo mundos e fundos, distribuindo a granel dinheiro ganho sabe Deus como, iludindo a boa-fé do povo, tentando comprar-lhe, a peso de ouro, a consciência e a honra, promovendo festas, churrascadas, peixadas, festivais, torneios e tudo o mais. De mala cheia e cabeça vazia, saem à cata de votos, tornando quase impossível que a comunidade se faça representar legitimamente no Poder Legislativo, frustrando, de forma definitiva, todas as esperanças de quem se supunha em condições de promover, sob a inspiração da Nova República, uma profunda revolução pelo voto ao banir das Casas Legislativas, não só os acomodados e os exploradores do povo, mas também os que se acumpliciaram com organizações internacionais de duvidosa seriedade, em detrimento da nação. Urge, ainda, que o Governo Federal amplie as exigências legais e a fiscalização dos gastos imoderados na campanha eleitoral, coibindo, desde já, a extemporânea propaganda de alguns candidatos, que já estão derramando dinheiro a rodo pelo Estado do Rio afora, usando indevida e abusivamente todas as formas de comunicação para divulgar seus nomes, tripudiando sobre a lei e a inferioridade material dos demais concorrentes, muitos dos quais constituem valioso patrimônio moral e intelectual, estando todos inteiramente oprimidos pela opulência e pela falta de patriotismo dos que ainda preferem comprar um mandato eletivo a disputá-lo dignamente.

RECADO PARA CARLOS CASTELLO BRANCO

Ilustre e prezado amigo Carlos Castello Branco,

Soube ontem, pela imprensa, que você pretende disputar, na Academia Brasileira de Letras, a vaga decorrente do lamentável desaparecimento de seu ilustrado confrade, o Acadêmico Raimundo Magalhães Jr. Alegra-me tal decisão, não só porque você conseguiu, finalmente, superar a irritante modéstia em que sempre viveu mergulhado, recusando-se a aceitar a notoriedade que, por mérito, desfruta no mundo das letras, mas também porque, sendo você eleito, menos penosa será para nós a perda irreparável do nosso estimado Raimundo Magalhães Jr., tão espontâneo no conviver e no sentir quanto no dizer, escrevendo, tão esmerado sempre foi numa e noutras coisas.

Decidindo-se, portanto, pela Academia que há muito o espera, você não faz senão honrá-la com sua candidatura, por si só digna de todo o apreço. Após longos anos de ininterrupto labutar e tão edificantes demonstrações de amor ao jornalismo, à política e à arte de escrever, você se transformou na leitura obrigatória de quantos, políticos militantes ou não, acompanham com interesse o transcurso da vida política nacional, ora analisando fatos e homens, ora interpretando o passado e o presente, em busca do futuro.

Dominando o vernáculo com a mesma precisão e desenvoltura com que se aprofunda nos meandros da política, com ela convivendo diuturnamente, você, de há muito, deixou de ser (ou nunca foi) um simples analista político, convertendo-se, desde logo, para honra nossa, numa pena privilegiada, não sabendo os seus leitores o que mais apreciar: se a justeza e a profundidade dos conceitos, tão corajosa e judiciosamente expendidos, ou a beleza e a suavidade da forma literária, inspirada talvez em Machado de Assis, cujo estilo assimilou sem copiá-lo. Razões lhe sobram, portanto, caro Mestre, para aspirar a uma vaga na Casa que o próprio Machado de Assis ajudou a fundar para abrigar espíritos com a clarividência do seu.

Creia que, se estivesse na Academia, não teria dúvidas em dar-lhe meu voto, sem que isso importasse demérito para qualquer outro aspirante ao supremo galardão literário. De qualquer forma, de dentro ou de fora, torceria por você, conforme o faço agora, não podendo acreditar que alguém se lhe avantajasse nos méritos, maiores que fossem os títulos e a nomeada de outros pretendentes.

Não podendo dar-lhe diretamente o meu voto, o que muito me desvaneceria, consola-me a convicção, que não esmorece, de que aqueles que já integram a Casa de Machado de Assis, por deliberação espontânea e irrecorrível, não lho negarão, honrando-se todos e cada qual com a sua presença intelectual, dignificante como as que mais o sejam.

Se, porém, algum dia, por extrema generosidade,

ou mero cochilo, houver por bem acolher-me a Academia, espero que ainda o faça em tempo de poder fazer-lhe companhia física, para que ainda mais nobilitante seja para mim a distinção. Em não sendo possível, por descuidos de lá ou de cá, possa o seu espírito pervagar altaneiro as profundezas da eternidade, certo de haver contribuído, pelo exemplo, para a edificação do meu.

Honra-me, por derradeiro, não só augurar-lhe êxito absoluto no pleito que se propõe, senão ainda oferecer-lhe, com muita humildade, um exemplar do meu livro *A Arte de Governar*, uma coletânea de crônicas políticas cujo único valor é ter sido prefaciado pelo estadista Tancredo Neves, em quem o fulgor intelectual e a proverbial sabedoria política não apagaram, ou sequer esmaeceram, os dons do coração.

Antes, pois, que os afazeres de acadêmico lhe subtraiam por inteiro o tempo, espero encontre o bom amigo suficiente vagar para exame do meu modesto trabalho, muito de propósito, escrito para os que possuem malícia e sensibilidade políticas, podendo ler nas entrelinhas, conforme tão proficientemente você sempre faz — razão por certo de seu êxito como analista político.

Atenciosamente,
Alcir Pimenta

A CRISE MORAL

A solidariedade está prestes a desaparecer. Pouco há de comum entre os homens, agora mais empenhados nas disputas pessoais que nas dificuldades coletivas. Ninguém se preocupa com o próximo, a não ser em proveito próprio. Quase todos abrigam em si o desejo de viver e gozar sozinhos, de progredir e brilhar sozinhos, de usufruir, com exclusividade, até as bem-aventuranças espirituais.

O egoísmo tomou conta de quase tudo. A Igreja, o Lar e a Escola, basilares na formação do homem, pressionados pelas circunstâncias, veem reduzida sua atuação, ao mesmo tempo em que uma desmedida inversão de valores vai premiando, cada vez mais assustadoramente, a ignorância e a ociosidade, a irresponsabilidade e a falta de escrúpulos, a prosperidade ilícita e os desvirtuamentos, o egocentrismo e o materialismo pagão, a injustiça e a vileza, banida a corrente de solidariedade cristã que deveria irmanar todas as almas, fazendo escassear, a cada passo, o ideal de fraternidade e compreensão sem cuja presença o homem se sente apequenado e inútil, maiores que sejam suas conquistas no plano material.

"Sem ideal, não há nobreza de alma; sem nobreza de alma, não há desinteresse; sem desinteresse, não há coesão; sem coesão, não há pátria." Desavisadamente, entretanto, há quem atribua ares de ingênua modernidade a esses fatos, não lhes emprestando maior significação. Acontece, porém, que estamos desfibrando a juventude, enfraquecendo-a, impregnando-a de ideias nocivas à sua formação moral, seja desvirginando-lhe a pureza, seja penetrando-a de sentimentos, hábitos e atitudes contrários aos nossos ideais de educação, o que pode confundi-la a ponto de levá-la a um materialismo inconcebível, deixando-se seduzir pelos acenos dos que, tendo malogrado pessoalmente, não hesitam em arrastar consigo alguns parceiros ao fundo do poço no qual escabujam numa como que hedionda compensação ou justificativa de seu fracasso.

Enquanto a nossa juventude (ou boa parte dela) navega inocentemente nas águas desse oceano de incertezas e vacilações, tendo-se tornado impotentes o Lar, a Igreja e a Escola para conter a onda de transviamentos e perversões, a quem confiaremos a condução e o destino da pátria? Quem lhe guardará a legitimidade e a grandeza? Quem a preservará das investidas apátridas, que, de contínuo, se valem da fragilidade moral e material? Quem vigiará, indormido, o sono plácido dos nossos heróis, dos que, imolando-se pela pátria, lhe deram a ela a suprema demonstração de amor, e a nós o mais edificante dos exemplos? Quem, enfim, erguerá aos céus a prece de júbilo e agradecimento?

Impregnados tão-somente do propósito de promover o progresso material da pátria, esqueceram-se nossos homens públicos de incentivar os valores morais, os valores espirituais, os valores intelectuais. Até entre as crianças já predomina a convicção de que a conquista de posições na escala social depende menos de esforço pessoal que de recursos extraoficiais e extralegais, já publicamente tidos e havidos por normas e princípios. Exalta-se a mediocridade e avilta-se o mérito. O magnânimo é tolo; o de espírito criminosamente aventureiro, sagaz. O culto não tem vez e o ignorante alteia-se em prestígio. Escancaram-se as portas da notoriedade aos néscios; fecham-se as da oportunidade aos capazes. Não há respeito à coisa pública, não há espírito de poupança, não há critérios de prioridade. Não há escolas nem hospitais, mas há banquetes. Não há dinheiro para remunerar melhor o magistério, mas há verbas para os estádios faustosos. Não há o essencial, mas superabunda o supérfluo.

Sou, por índole e formação, incondicionalmente avesso à ociosidade. Amo o trabalho, não só como terapia ocupacional, mas, principalmente, como fonte inexaurível de prosperidade e paz interior, como propulsor de todas as energias potenciais de que somos portadores, como sustentáculo do equilíbrio nacional, como fator de integração moral e social, como infinita dádiva com que nos amerceou a Divina Providência, em cujo exemplo vejo a grande lição. Em criando o mundo, bem que poderia o Onipotente tê-lo feito de forma total, só nos restando usufruir-lhe a magnificência. Fê-lo, porém, incompleto, para que o homem nele tivesse participação.

Julgo, pois, inadiável estimular no povo a prática do ensinamento divino, incentivando-o a que participe mais patrioticamente, não desperdiçando as oportunidades de contribuir ainda mais, através do trabalho, não se poupando no horário regulamentar, não se furtando ao aprimoramento intelectual, não fugindo ao estudo e ao debate dos problemas comunitários, nacionais e internacionais, cada qual dentro da sua ótica, mas todos igualmente tangidos pelos mesmos sentimentos de brasilidade, interpenetrando-se os conhecimentos, trocando-se ideias, opiniões e experiências, sedimentando-se, enfim, uma consciência nacional capaz de resistir às arremetidas e às injúrias dos inimigos da paz e da democracia.

Eis por que é mister trabalhar esperançosamente, não se permitindo, porém, que a ociosidade de uns reduza o quinhão de outros. Se nem mesmo as nações reconhecidamente ricas podem fugir a esse destino inexorável, o que dizer de um "país em desenvolvimento", moderno eufemismo a substituir o vetusto "país subdesenvolvido", com que nos mimosearam os que, interesseira ou generosamente, não mais nos quiseram malsinar com a pecha que efetivamente nos deprimia?

Há, pois, que evitar o supérfluo, há que combater, dura e sistematicamente, a corrupção, qualquer que seja a forma de sua manifestação, onde quer que ela se instale. Sabido é que a melhor maneira de fazer-lhes frente consiste em educar o povo, mudar-lhe a mentalidade, dar formação cristã, sobretudo à infância e à juventude, incutindo-lhes nos corações as virtudes que formam o homem e os atributos que criam os povos.

Sílvio Santos vem aí?

Várias vezes laureado como apresentador e animador de televisão, o empresário Sílvio Santos figura entre os presidenciáveis mais cotados, não só nas pesquisas dos órgãos especializados, mas também nos papos informais de esquina. Se vai ou não disputar as eleições de 15 de novembro, ninguém ainda o sabe, ou melhor, poucos sabem, além do Dr. Paulo Pontes, seu médico-assistente. A verdade é que o outrora camelô da Praça Mauá, no Rio de Janeiro, é hoje o que se pode chamar um empresário bem-sucedido, dono do Sistema Brasileiro de Televisão, através do qual há muito se comunica com o Brasil inteiro, fazendo o gênero simplório, magnânimo e divertido, penetrando facilmente a classe média baixa e as camadas mais pobres da sociedade, a cuja mesa modesta tem assento simbólico semanalmente, para almoçar e jantar, com direito a lanches, docinhos e licores caseiros de permeio, tanto tempo dura essa convivência dominical a distância, dividindo-se igualmente o incansável comunicador entre suas barulhentas "colegas de trabalho" e os milhares de telespectadores pelo Brasil afora, sempre tão afeitos ao paternalismo e à possibilidade de levar alguma vantagem, adeptos que são da chamada "Lei de Gerson". Certo?

Anos a fio, portanto, vem o risonho Sílvio Santos conciliando admiravelmente sua indiscutível habilidade comercial com uma bem administrada vocação artística, que o colocam entre os nomes mais populares do Brasil, hoje transformado em autêntico *Baú da Felicidade* para meia dúzia de "brasileiras e brasileiros" em todos os quadrantes. Sua provável candidatura abriria, pois, a *Porta da Esperança* ao povo, o qual, segundo Sílvio, não aguenta *Maggi* tamanha discriminação.

Caso se decida concorrer à presidência da República, terá esse privilegiado calouro de enfrentar 60 milhões de jurados, estimulando, com sua presença, *Cidade contra Cidade*, a ver qual lhe daria mais votos na disputa do trono, não mais lhe sobrando tempo sequer para um *Domingo no Parque* ou *Namoro na TV*. Sabe ainda o sorridente presidenciável que outros nomes igualmente populares estariam com ele *Roletrando* pela presidência, já se podendo antever duelo renhido — esquerda x direita — perguntando o povo "Qual é a Música?" na hora de votar.

Nesse particular — disse — só temo o *Mazola*, suspeito de *Granero*, cuja postura ideológica não muito *Liza* impede o *Avanço* do nosso processo de redemocratização, *Salada* em que se misturam marcas famosas e "salvados do incêndio" que o próprio *Mazola* provocou, pondo em risco a democracia, logo que entrou em *Parafuso*.

Com o slogan *A Praça é Nossa*, vestindo *Camelo* e sorrindo muito, pretende Sílvio percorrer o país de ponta a ponta, não fazendo distinção entre Casas Pernambucanas e Casas Paraibanas na hora das visitas, comendo *Sococo*, se fosse preciso, para não interromper a *Parada de Sucessos*.

Quanto ao seu futuro ministério, se eleito, Sílvio já se decidiu por alguns nomes: Pedro de Lara na pasta da Justiça; Décio Piccinini para as Relações Exteriores; Ari Toledo na Educação e Lombardi no Ministério da Indústria e Comércio. Para o Ministério do Trabalho, outro nome não poderia ser senão Dorothea Werneck, a mais amada Miss Brasil depois de Martha Rocha, cabendo a Gugu Liberato o Ministério das Comunicações, indo Jô Soares, o ministeriável de maior peso, para o Ministério da Cultura.

Chega-se, pois, à conclusão de que, com prestígio *Nacional* junto ao povo e *Crédito Real* nos setores empresariais, o possível Ronald Reagan brasileiro só dispõe de um partido em condições de aceitá-lo *Toddynho*, em sua aspiração à presidência: o P(or) F(avor), L(ombardi)!

TANCREDO E A ORATÓRIA

É inegável o declínio da oratória no Brasil. Seja no parlamento ou no púlpito, seja no judiciário ou na praça pública, essa empolgante forma de expressão já não seduz como outrora, relegada que foi a plano secundário, até mesmo entre os que têm o dever moral de cultivá-la carinhosamente, embora adaptando-a aos dias de hoje, mas não permitindo caísse no descrédito a que chegou depois de ter-se engalanado com os fulgores de Vieira, Rui Barbosa e Carlos Lacerda, cujo extraordinário talento verbal honra a memória de Cícero, Demóstenes e Péricles, rivalizando com Bossuet, Churchill e Anatole France.

Claro está que nem o mais completo orador poderia agora dar-se ao luxo de discursar à Vieira ou à Rui Barbosa, não só porque um e outro constituem cintilações raras na constelação da oratória nacional, senão também pela razão de que certas características de estilo desses dois gigantes da tribuna já não se coadunam com os novos tempos, não encontrando aceitação entre os jovens, cuja formação acadêmica sofre as consequências da vulgarizada democratização do ensino. Nem mesmo o Legislativo e o Executivo puderam fugir aos efeitos maléficos desta fase de pobreza intelectual, escasseando os tribunos arrebatados e arrebatadores, o que se agravou ainda mais no período mais agudo do autoritarismo. Felizmente, para gáudio e desvanecimento da nação, figura o eminente brasileiro Tancredo de Almeida Neves entre as raríssimas exceções. Político conceituado e militante há mais de meio século, havendo-se com irrepreensível correção pessoal e política, toda vez que a pátria o convocou para as missões mais árduas e honrosas, o futuro presidente da República não se descuidou da oratória e do refinamento intelectual, posto que jamais deslizasse de recatada modéstia e cativante solicitude, não só expandindo seu já amplíssimo cabedal de cultura, como também espelhando-se nos edificantes exemplos dos mais notáveis estadistas de todos os tempos, abeberando-se nos mananciais mais abundantes e cristalinos da dignidade e do saber universal para melhor servir, preparando-se, aprimorando-se sempre, acrescentando à sua proverbial vocação de estadista o quanto fosse possível garimpar mundo afora.

Não admira, pois, viesse ele a constituir-se em depositário das esperanças do desesperançado povo brasileiro, alçando-se à condição de líder absoluto da nação, com o indispensável aval popular, antes mesmo da proclamação do resultado das eleições presidenciais, fato inédito na História do Brasil. Também não surpreende se tenha transformado no orador primoroso e inconfundível que é, fazendo do pleno domínio do vernáculo um belíssimo ornamento para veiculação de suas ideias, expressas todas em linguagem elegantemente fundamentada nos melhores clássicos da língua, cujos arcanos penetrou, extraindo de cada qual o que há de mais formoso, arrimando-se o mestre em sólida riqueza vocabular para não perder o encadeamento do discurso, repetindo, através de rica sinonímia, os conceitos já expendidos, até que o cérebro tenha condições de assegurar a concatenação do pensamento, sem deter-se o orador nas pausas enervantes e denunciadoras dos menos dotados verbalmente.

Daí o deleite em saborear-lhe os discursos, a partir dos vocativos iniciais, sempre rigorosa e polidamente colocados em ordem hierárquica, passando pelo exórdio, sempre nobre, até o aprofundamento do tema propriamente dito, enriquecido, a cada passo, por luminosas lições de cultura geral, cavalheirismo, moderação, patriotismo, lucidez e argúcia política, convidando o ouvinte a acompanhar-lhe o raciocínio, explicando e reexplicando sem tornar-se monótono ou enfadonho, emocionando pela sinceridade de que reveste a sua palavra apostolar, convencendo pela precisão dos argumentos, que expõe e defende com a graça e a certeza de quem já cristalizou conhecimentos e convicções, afluindo-lhe profusamente as palavras mais ternas ou candentes, conforme a natureza do discurso, em cujo conteúdo avultam todas as virtudes que exornam a fascinante personalidade desse brasileiro predestinado.

Como Carlos Lacerda, é capaz de manter-se imperturbável em meio ao alarido das multidões na praça pública. Como Juscelino, nunca distinguiu a tribuna parlamentar dos comícios interioranos para a nobreza da postura física e espiritual que sempre manteve, não fazendo concessões ao chulo, não abrindo mão do seu dever de evangelizar.

Testemunha de libertação

Embora amigos, Clóvis Sena e eu de há muito não nos entendíamos profissionalmente. Eu ingressava na atividade parlamentar, inteiramente cru, ele já era experimentado homem de imprensa, comentarista político credenciado na Câmara dos Deputados, admirado pelos companheiros, respeitado dentro e fora do jornal.

Apesar da nossa boa vontade, jamais conseguimos conciliar o meu estilo circunloquial e parabólico, puxado a Rui Barbosa no que o gênio baiano tinha de ruim — a extensão dos períodos, por exemplo —, com a necessidade do jornalista de ser lacônico no texto e preciso na informação e no comentário, captando a ideia central no discurso político, sem os adereços que a prolixidade impõe.

A princípio, eram cordiais e até fraternas as nossas desavenças. Sena filtrava minha matéria, extraindo dela o essencial, tarefa em que se ocupava longamente; depois, explicava-me, exemplificando, os motivos pelos quais meus pronunciamentos (que ele considerava de boa qualidade) passavam despercebidos à imprensa, incluindo-se apenas no noticiário compulsório da Agência Nacional. E discorria pacientemente sobre técnicas modernas de comunicação, lembrando o caso de certo ex-deputado paulista, tão dispersivo quanto eu, que se aprimorara graças aos conselhos que lhe dera a pedido do próprio.

Aparentemente convencido, eu prometia seguir-lhe a orientação, agradecia muito, mas, no dia seguinte, lá vinha a mesma coisa: períodos quilométricos, ordem indireta, vocabulário incomum, verdadeiro festival de perífrases e metáforas. Sena não aguentava, explodia de raiva, mas logo se recobrava, voltando à catequese de sempre, chegando mesmo a me dizer que eu passaria o mandato na obscuridade: "Ninguém tem tempo para pescar ideias na sua enxurrada gramatical".

Preocupado com tão atemorizante vaticínio, eu discutia normas de conduta estilística, metia na conversa outro grande amigo, o jornalista Arimathéa Athayde, de O Globo, mas de nada adiantava. Sena era a intransigência construtiva. Lia, relia e treslia meus trabalhos, comentando ponto por ponto, resumindo-os, em seguida, em quinze linhas, aumentando-me a descrença quanto à possibilidade de algum dia corrigir-me.

O tempo passava. Nem eu me emendava nem o Sena insistia mais, certo de que perdera tempo e latim. De quando em quando, porém, mal me aproximava com um discurso, antes mesmo que lesse qualquer parágrafo, pedia-me que o sintetizasse, como sempre, em quinze linhas, o que bastava para que eu mudasse de assunto, desistindo da divulgação.

Embora lhe compreendesse as razões e a intenção, nunca pude admitir-me escravo de frases curtas, sem adjetivos, incisivas, diretas, sem rodeios. Parecem cercear o pensamento, dificultando-lhe ou impedindo-lhe os voos pelo mundo diáfano da espiritualidade, circunscrevendo o escritor a um toma lá dá cá despretensioso e pouco atraente. Sena insistia, eu resistia. E desistíamos logo da tentativa de convencimento recíproco; e eu continuava ignorado da imprensa.

Não querendo ou não podendo acatar as ponderações de quem conhece o ofício, sofri na carne as consequências e quase briguei com o amigo. Passei a achá-lo ranzinza, casmurro, meticuloso demais, mas só quanto aos problemas profissionais. No mais, era, e continua sendo, uma criatura agradável, inteligente, profundo em história e amante do cinema, que conhece como poucos.

Sinceramente, eu não compreendia aquele rigor, chegando a supô-lo uma forma cômoda de exercer, sem muito dispêndio de fosfato, a edificante tarefa de informar e analisar os acontecimentos políticos.

De repente, Sena põe um livro na praça: *Testemunha de Libertação*. Apressei-me em adquiri-lo, não dispensando o tradicional autógrafo. Clóvis não fez por menos, capricha numa dedicatória de amigo, generosamente adjetivada, redimindo-se talvez das sarabandas com que sempre me obsequiou. E diz: "Só faço uma exigência: quero que leia meu livro".

Li-o de ponta a ponta, de uma assentada, como dizem os críticos literários. Tendo gasto todo esse papel só para dizer que o li, acrescento, prazerosamente, que muito aprendi com a leitura, não somente porque fiquei conhecendo lances e tiradas políticas do passado, mas porque, mais do que nunca, pude avaliar com justiça e admirar de fato o jornalista preocupado em mudar-me a maneira de escrever. O presumível indolente de ontem afigura-se-me, hoje, um escritor talentoso.

Sem rebuços ou louçainhas, sua prosa é límpida, desataviada, incisiva, direta, penetrante, convincente. Narrador de méritos inenarráveis, Sena, ao mesmo tempo, aprofunda a análise, indo ao cerne da questão. Revolve o baú da história e vai buscar, lá no fundo, a minúcia esclarecedora, ora refrescando a memória do leitor, ora aduzindo considerações para a perfeita compreensão do passado ou do futuro. Tudo, porém, nos moldes ideais: períodos curtos, adjetivação discreta, frase vigorosa, verbo insubstituível, só e sempre o essencial. Entendi, então, as lições e a angústia do mestre, seu desejo de enxugar-me a frase, despojando-a do supérfluo, desataviando-a, sem sacrificar-lhe o conteúdo e a expressividade.

Esgrimista sem florete, Sena ataca o adversário à Scaramouche, com gestos largos e elegantes, desnudando-o primeiro, antes de feri-lo mortalmente, a canivete, como na Ceilândia. Em seguida, contempla o moribundo, certificando-se de sua derrota, esboça um sorriso, mas logo se recompõe, à espera de outra vítima.

Testemunha de Libertação tem para mim, portanto, um duplo sentido: o que o autor lhe quis dar fotografando o coração, a mente e a alma do ex-deputado Neiva Moreira, líder socialista da corrente de Leonel Brizola, para mostrá-lo de corpo inteiro a quem não o conhece intelectual e politicamente; e também outro, que aplico agradecidamente ao ilustre amigo — que pode aqui testemunhar minha libertação do imenso fardo do estilo gongórico de outrora, do que espero seja este texto uma demonstração cabal.

EM MEMÓRIA DE MOACYR BASTOS

Ninguém deve chorar a ausência material do ilustre professor Moacyr Bastos. O pranto traduziria neste instante uma confissão de fraqueza, incompatível com a força e o vulto da obra que nos legou o inesquecível mestre. Por que, então, um vão lamento, um protesto inútil contra a realidade inexorável?

Na lenda árabe, "murcharam de súbito todas as flores do bosque diante do desaparecimento da virgem jardineira que as plantara". Aqui, ao contrário, urge que entoemos um hino de louvor à vida, recordando a trajetória de quem tanto se empenhou pelo bem-estar de outras vidas, animando-as, não só com o calor de sua espontânea solidariedade, senão ainda com uma ação vigorosa em prol do processo educacional em nossa comunidade. É voz geral que essa região foi substancialmente enriquecida e valorizada com a criação do Colégio Afonso Celso, de tantas e tão gloriosas tradições, núcleo das Faculdades Integradas Moacyr Sreder Bastos, realização maior do eminente educador, cuja obscuridade de nascimento não o impediu de elevar-se na escala social, projetando-se altaneiro na comunidade a que serviu tão devotada quanto proficientemente.

Fosse como professor emérito, fosse como infatigável servidor da causa pública, onde quer que sua presença fosse exigida, jamais se recusou a dar sua cota de contribuição e sacrifício em favor da solução da problemática comunitária, certo do quanto era preciso trabalhar para superar as crescentes dificuldades de toda ordem, que ele corajosamente enfrentou e venceu desde sua dura infância de menino pobre, que lhe enrijeceu a têmpera e antecipou a maturidade. Foi sempre um obstinado em superar situações aflitivas, próprias ou alheias. O convívio coletivo logo lhe fortaleceu o espírito de liderança, com o qual desbravou os mais árduos caminhos para o êxito, a cujo cimo chegou aureolado pela imortalidade, provando, como ensina Péricles, que "o mérito pessoal, muito mais que as condições sociais, é que abre caminho às honras".

Cedo, aprendeu Moacyr Bastos esta que foi talvez a maior lição de sua vida: "Não é recebendo, mas fazendo benefícios que conquistamos amigos". Assim se explica, pois, sua facilidade em fazer amigos. Tinha-os numerosos e fiéis, em todas as camadas sociais, repartindo-se igualmente por todos, multiplicando-se, tempo afora, o número de compadres e afilhados, frutos quase todos de favores anonimamente prestados, muitas vezes em circunstâncias penosas, não sendo poucas as vidas que salvou da morte ou das trevas da ignorância, sem exigir ou insinuar qualquer retribuição material. Assim se explica também a generosidade divina, não só para com sua obra educacional, mas também em relação a tudo quanto empreendeu em benefício da terra que tanto dignificou com o suor do seu rosto, preferindo, desde jovem, plantar a semente do carvalho para dar abrigo ao futuro a semear a semente da couve para o prato de amanhã.

De sua clara visão dos deveres do homem, enquanto em ação por este mundo, nasceu, ainda, a Biblioteca Estadual de Campo Grande, hoje municipalizada, cujo embrião foi a Associação de Cultura Popular — sob a égide do "Mecenas da Zona Oeste". O Instituto Campo-grandense de Cultura, fundou-o também Moacyr Bastos, em 2 de dezembro de 1967, com a finalidade precípua de congregar os intelectuais da nossa região em torno de ideais comuns quanto à difusão da cultura em todos os níveis da sociedade.

Em sua profícua gestão à frente do ICC, Moacyr Bastos promoveu o intercâmbio com entidades congêneres de diversos pontos do país, patrocinando palestras e debates, concursos e conferências, exposições e seminários, fiel ao chamado espírito universitário, que consiste em ir ao encontro da comunidade para melhor servi-la, buscando, nas ciências, soluções para os males que a afligem.

Malgrado a multiplicidade de seus afazeres, era Moacyr Bastos um homem voltado para a família, que extremou até o derradeiro instante, não perdendo jamais sua proverbial candura. Foi, acima de tudo, um cidadão altamente sociável, não deixando escapar qualquer oportunidade de reunir-se com os amigos, tentando, ainda, atrair para a sua nobre causa os eternos indiferentes.

No momento, portanto, em que esse espírito privilegiado encerra a etapa terrena de seu trânsito fulgurante, é mister que "ressoem entre nós as trombetas anunciadoras do seu ingresso na eternidade, em cujo seio repicam por certo sinos invisíveis, desabrochando, perfumadas, as mais belas flores — sabe Deus em que olímpicos vergéis —, enquanto o pórtico da casa da morte, em arco de triunfo, saúda a passagem da vida cuja extinção nos recusamos a aceitar".

Em verdade, Moacyr Bastos não morreu. Entrou na imortalidade, que é a negação da ausência, e começou a reinar sobre todos nós, para que nada se interrompa do muito que edificou sob as bênçãos de Deus. "Ó morte, onde está tua vitória?"

UMA BOA IDEIA

Como sentisse que a política era a sua *cachaça*, *uma boa ideia* lhe subiu à cabeça, antes mesmo de *51*: disputar uma cadeira de vereador pela cidade onde vivia, ora proclítica, ora encliticamente colocado na escala social, sem esquecer sua origem mesoclítica, isto é, apertado entre *umas e outras*. Então, montado em seu fogoso *Cavalo Branco*, pôs-se a consultar amigos, vizinhos, parentes e companheiros de trabalho, de todos obtendo promessa de voto com esta declaração embriagante: "Meu voto é *parati*".

Era a consagração pública antecipada, o que, não há dúvida, *Bole-Bole* com a alma de qualquer mortal. Estava, pois, *traçado* o seu destino, sem que qualquer bruxo o tivesse prenunciado. O jeito era renunciar à vida *Bohemia* para tornar-se um político de *Skol*, cuja *Tônica* fosse a defesa inflamada dos interesses do povo, a quem não se deve *servir gelado*. *Natu Nobilis*, mas morigerado até em seus costumes mais extravagantes, beber não bebia, a não ser um café de *Caninha da Roça*, uma *Coca*, *Sukita* ou *Fanta*. Nada de *Tatuzinho* ou *Pitu*. *Velho Barreiro*, só o conhecia de nome, virando uma *brasa* se alguém insinuasse que poderia, pelo menos, bebericar *leite de onça*, *Ypióca* ou *Ballantine's*, ameaçando fisicamente a quem duvidasse de sua abstemia.

Quando se tratava de música, porém, desmanchava-se todo. Não perdia um *hi-fi,* e tanto traçava no pé um samba com as meninas *Princesa, Montilla* ou *Natasha,* suas parceiras favoritas, como cantava e dançava com alegria marchinhas carnavalescas do tipo "Você pensa que cachaça é água?"

"Se for eleito", dizia, "vou chegar a *Presidente.* Quero ser um verdadeiro *Kaiser,* governando com energia e retidão. Vou mostrar como se governa democraticamente, não fazendo distinção entre *Black and White.* Não há de ser um *Mineirinho* que me impedirá de ser o maior *Presidente* de todos os tempos". Na presidência, se eleito, haveria de adotar uma política externa independente, defendendo a internacionalização da *Antártica,* mas não permitindo que um *Johnny Walker* qualquer cantasse de galo entre nós, até porque tinha aversão a galos, não tolerando nem galos nem *rabo-de-galo.* Mr. *Drurys* e Mr. *Dreher* também não teriam vez. Ao contrário, torcia por *cuba-libre.*

Embalada por tantas boas ideias, a carreira desse cidadão tão eficiente quanto sóbrio só esbarrou nas *Forças Ocultas* — que o deixaram politicamente tonto, fazendo-o tropeçar, ocasionando graves prejuízos políticos à nação, o que exigiu *dose dupla* de patriotismo para evitar que caíssemos totalmente no abismo em cujas profundezas ainda *Brahma* a *pura democracia brasileira.*

Espírito forte, homem de *sete virtudes,* após longo período de abstinência alambicou o estilo e os conceitos, retomando a *danada* da política que considerava o *remédio* para seus próprios males, "o *gás* de que necessito, a única coisa que me *esquenta-por-dentro,* a *mamãe-sacode* para que eu desperte, tornando-me um *azougue* nas disputas eleitorais, já que a volta à Cidade da Esperança é a única vontade que se *aninha* em mim".

"Nas horas de folga, em as havendo, quero ler *A Bagaceira*, de José Américo de Almeida, pintar a *óleo* a paisagem *azulzinha* ou *azulada* do verão do cerrado, vivendo, enfim, uma vida *limpa*, livre da *perigosa* poluição da terra onde *meu-consolo* foi uma administração *lisa, imaculada, purinha*, embora fosse tido sempre como *caipirinha* de gênio."

"Agora", arrematou, "é preciso que o país *tome--juízo* e encontre o rumo definitivo, caminhando inexoravelmente para o lugar de honra que lhe está reservado no concerto das nações."

Para esse dia verdadeiramente glorioso, tenho também *uma boa ideia*: "Eu vou tomar um porre de felicidade".

CRUCIFICAÇÃO

A crucificação política do presidenciável Ulysses Guimarães coincide com a Semana Santa. O quadro está completo: Sarney lavando as mãos, Quércia perfeito no papel de Judas — um fervoroso apóstolo de outrora negando-o três vezes antes da convenção —, enquanto o povo, perplexo, quase não resiste aos acenos da esquerda, caminhando, ora para o socialismo moreno de Leonel de Moura Brizola, ora para o *erundinismo*, tentativa nordestina de fazer chover no roçado da prefeita Luísa Erundina.

A *via crucis* de Ulysses está no fim, os governadores virando-lhe as costas, o povo indiferente — às vezes até hostil —, a suposta "caminhada para a vitória" aproximando-o cada vez mais do "está consumado", desfecho surpreendente, indesejável e injusto para quem encarnou a oposição nos momentos mais difíceis do período revolucionário, final trágico para um homem sabidamente honrado e corajoso, a quem cabiam os maiores méritos na ingente tarefa de redemocratizar o país, não só por sua obstinada perseverança, mas também pelos riscos pessoais que afrontou quando a intransigência governamental lhe negou o direito de opor-se, açulando-lhe a matilha a serviço do poder.

Sem se intimidar, o bravo paulista prosseguiu a marcha, assinalada por tantas deserções e baixas, num dos instantes mais difíceis da vida política nacional, para cuja normalidade e reencontro com a democracia foi capital e inestimável a contribuição de Ulysses Silveira Guimarães. A ele jamais se poderá negar patriotismo, espírito público, correção e liderança, ficando clara a sua desambição pessoal, não só quando entendeu ser Tancredo Neves o nome mais indicado para disputar a presidência da República na fase de transição governamental, senão ainda na morte do próprio Tancredo, ocasião em que, se o desejasse, seria o presidente da República com o aplauso geral da nação, tão assinalável tinha sido sua participação na obra de redemocratização, pela qual se empenhou a fundo, mais do que qualquer outro — sem demérito para quem quer que seja —, sobrepondo-se a toda sorte de obstáculos pela incoercível força moral de sua coerência, jamais se podendo olvidar sua atuação como anticandidato numa disputa numericamente impossível, o que não o impediu de lutar bravamente, com os limitados meios ao seu alcance, para que a oposição se credenciasse ainda mais perante a opinião pública mais abalizada, garantindo ao seu partido uma vitória retumbante no plano nacional nas eleições de 1974, elegendo o então MDB sua maior bancada de todos os tempos, glorificando-se na luta contra o autoritarismo.

Malgrado sua inquebrantável combatividade, que assombrou e encantou o povo pela bravura de que se revestiu, jamais se ouviu de Ulysses Guimarães uma palavra que não fosse de fidelidade e amor à pátria, razão pela qual lhe caberia, sem dúvida, a primazia da candidatura à presidência da República, coroamento natural de uma carreira política exemplar sob cuja inspiração e a cujo serviço deveriam congregar-se os demais presidenciáveis do PMDB, antes que, por incompetência e ambição pessoal, se tornem inúteis o ideário e o martírio de Tancredo de Almeida Neves.

POR QUE *DEMORAES*?

Nada há de concreto sobre a candidatura à presidência da República do cidadão votorantinense Antônio Ermírio de Moraes, para quem a participação popular constitui o cimento da democracia. Debalde procuram demovê-lo de sua relutância em concorrer aqueles que lutam para cimentar a redemocratização do País, evitando novos desabamentos sobre a cabeça do povo. Indagado sobre sua disposição para disputar o pleito que se avizinha, afirmou o ilustre empresário ser "indispensável erguer-se sobre pilotis uma nação próspera, de portas abertas para o capitalismo, assentando-se tijolo por tijolo, sem atirar pedras a outras ideologias, respeitando-se até os antigos quintas-colunas, já que o Brasil ainda é um país em construção".

Não tendo telhado de vidro, Antônio Ermírio meteu a ripa na corrupção reinante entre nós, criticando sobretudo os que entram no serviço público pela janela e também os que vivem na copa-cozinha presidencial, acentuando que o governo deveria servir de espelho; em vez disso, sua credibilidade está por um fio, constituindo uma ducha fria no relacionamento com os nossos credores internacionais, com os quais estava *toldo* comprometido.

Segundo o presidenciável, governar o Brasil, nesta conjuntura, talvez seja a mais difícil empreitada a que alguém poderia aspirar, obra em que deveriam empenhar-se de corpo e alma não apenas os intelectuais, mas também engenheiros, pedreiros, peões, eletricistas, pintores e decoradores, dando cobertura ao governante, quem quer que ele fosse, não ficando imóveis, a ninguém cabendo ignorar que o trabalho e o patriotismo formam a viga mestra de uma nação desenvolvida.

"O ideal seria transformar o Brasil num imenso canteiro de obras, não se admitindo que ninguém dê o prego em suas atribuições, visto que o esforço redobrado da massa popular é que poderá alicerçar o nosso prestígio mundial, para que o País galgue o último andar do desenvolvimento.

"Precisamos construir um País novo, politicamente arejado, em centro de terreno ideológico, sem dependências, voltado para o mar da prosperidade, ligado ao comércio internacional, com assistência médico-dentária aos carentes e condução à porta, rumo ao futuro. Tudo isso sem entrada ilegal de estrangeiros, em suaves prestações de contas ao povo, a quem caberá administrar o condomínio nacional, ideia finalmente sacada para que sejamos de fato proprietários e não apenas inquilinos do território brasileiro, não dependendo de pagar equivocadamente aluguel ou taxas a potências estrangeiras. Quarto colocado no mundo em extensão territorial, deverá o País recusar-se à paradoxal e humilhante condição de salão de festas das multinacionais e lixeira da tecnologia superada. Fiador e vigia do seu próprio destino, ao povo caberá a ingente tarefa da reconstrução nacional, promovendo as reformas e as mudanças de que tanto carecemos, despejando a desonestidade e a preguiça, não assinando contrato, enfim, com quem não tenha suficiente rendimento familiar em matéria de credibilidade pública. Só assim o Brasil inteiro (e não apenas a população de Votorantim) alcançará o Paraíso", concluiu Antônio Ermírio de Moraes.

Vinde, pois, ó Antônio Ermírio! Por que *demoraes*? Afinal, que *Mauá* em sonhar com a felicidade?

Tributo a Porto Filho

Conheci-o há 45 anos. Eu era apenas "um menino pobre de Guaratiba que gostava de escrever", conforme ele mesmo sempre dizia ao ler minhas redações a colegas de magistério. Além do amor pela língua portuguesa, em que eu apenas engatinhava, tínhamos mais alguma coisa em comum: éramos ambos nascidos em Guaratiba, o que nos aproximou ainda mais. Tive ainda o imenso privilégio de ser seu aluno durante quatro anos consecutivos (do curso de admissão até o 3º ginasial) e, desde então, jamais o esqueci ou dele me separei espiritualmente, embora tantas vezes tenhamos trilhado caminhos diversos.

Mais tarde, eu tinha apenas 19 anos quando nos tornamos companheiros de magistério no colégio mais famoso da comunidade, o Belisário dos Santos, o que me causou grande apreensão. Temia vacilar em alguma coisa, deixar a desejar, comprometendo a reputação do meu mestre, cujas virtudes cada vez mais se evidenciavam no convívio diário com colegas de trabalho. Confesso que não perdia uma oportunidade de estar junto dele, importunando-o a cada instante com minhas perguntas, a que ele respondia sempre pronta e amoravelmente. Mais preocupado fiquei quando me tornei professor de seus filhos: primeiro, Hélio Roberto; depois, Maria Eunice e

Norma; por fim, Paulo Renato e Jéter. Que medo eu tinha de não corresponder! Como explicaria um erro, ou, pelo menos, um engano em relação aos filhos de quem me despertara a certeza de que era possível vencer a origem humilde, em se tratando do vernáculo? O tempo correu. Aceitei, mais tarde, o desafio de expandir o Curso Supletivo na Zona Oeste do Rio. Foram cinco anos de diuturno labutar, ao final dos quais nossa rede escolar estava multiplicada por dez, e a política partidária envolveu-me totalmente. Quando cheguei a Brasília em 1971, sob o peso de um mandato parlamentar, já encontrei uma recomendação em meu favor: o professor Porto Filho (sempre ele!) pedira ao deputado Daso Coimbra, seu amigo de muitos anos, que me orientasse os primeiros passos na Câmara dos Deputados, e ele o fez com alegria e eficiência. Volta e meia estávamos juntos no Rio de Janeiro, o professor Porto Filho e eu. Ele me falava dos seus livros e poemas, eu lhe contava as peripécias da vida política. Além disso, remetia-lhe regularmente os meus discursos mais importantes — uma espécie de prestação de contas, por meio da qual eu também lhe agradecia o quanto contribuíra para o meu êxito como orador. Era ainda, assim o creio, uma forma delicada de dizer que ele não trabalhara em vão.

Quanto mais eu ganhava maturidade intelectual, mais fácil se tornava dimensionar a importância da trajetória do professor Porto Filho na minha vida, e também pelo mundo dos vivos, por este mundo que ele amenizou com a suavidade da sua maneira de ser, com a nobreza de seu espírito, sempre superiormente voltado para o lado positivo da vida, com a intensidade de sua fé, com a qual aplacou iras e atenuou tragédias, com o calor da sua palavra única, tão amena quanto convincente, tão repassada de amor quanto plena de sabedoria. E que poeta extraordinário! Seus poemas, de beleza incomparável, têm a suavidade das preces, a candura dos salmos de Davi. Quer versando sobre motivos bíblicos, quer cantando a natureza, os versos do mestre Porto Filho penetram fundo a alma, ora enternecendo pelas revelações de fé, ora constituindo sábios conselhos, ora fazendo rir pelo inesperado dos temas, já que a poesia era nele tão natural e espontânea que aflorava a qualquer momento, até pelos motivos mais triviais. Quantas vezes não nos emocionou o inolvidável amigo contando em versos a rotina da vida escolar, envolvendo alunos, funcionários e professores como personagens de histórias engraçadas, com as quais tanto nos deleitávamos!

Seus discursos e sermões eram verdadeiras aulas, e, ao mesmo tempo, inspirados cânticos de louvor a Deus, convencendo e encantando sempre, conduzindo o ouvinte a um mundo impalpável e transparente, divino e aconchegante, embevecendo-nos, não só pela riqueza das imagens, mas também pela profundidade dos conceitos.

Sua fala, mansa e atraente, era sempre desejada, ansiada, amada e inesquecível onde quer que fosse, porque o mestre tinha sempre o estilo mais adequado para cada auditório, a forma mais apropriada, a cada ouvinte, levando cada qual a concluir segundo a sua capacidade de captar, expendendo o notável orador os mais profundos princípios filosóficos em linguagem encantadoramente simples, adorável, irresistível até, impregnada de uma pureza de sentimentos que só os espíritos privilegiados podem alcançar.

Não admira, pois, que atingisse as culminâncias do prestígio nacional e internacional no âmbito da Igreja a que se devotou por mais de meio século, não só como orador de apreciável fluência e conteúdo incomum, mas também como professor, compositor, prosador, poeta, poliglota, jornalista e pastor, notabilizando-se por seu conhecimento da Bíblia, da qual foi renomado exegeta, conhecido e respeitado mundo afora, não sendo poucas as vezes em que representou o Brasil em congressos internacionais da Igreja Evangélica Congregacional, de que foi um dos vultos mais eminentes em nossa pátria e no exterior.

Assim foi o insigne brasileiro Manoel da Silveira Porto Filho, antes de tudo, um grande homem de bem, um gênio, a quem o Divino Legislador aquinhoou generosamente, reservando-lhe, porém, as mais duras provas de fé e resignação, acrisolando-lhe ainda mais o espírito, tendo em vista seu ingresso nos páramos celestiais, onde por certo realiza, rejubilado, seu grande sonho de repousar nos braços do Senhor.

O VEREADOR E A COMUNIDADE

Não há dúvida de que, no exame e no debate dos problemas comunitários, cabe ao vereador a tarefa mais difícil. Vivendo mais próximo da comunidade, a ele recorrem todos nas horas de aflição e desespero, seja por motivo verdadeiramente sério, seja por uma questão menor, na capital e no interior. Às inúmeras atribuições no plenário da Câmara e nas comissões técnicas, somam-se intransferíveis deveres sociais em relação à comunidade, devendo cada um viver em estado de permanente alerta, empenhando-se diuturna e incansavelmente na solução da problemática comunitária, que se agrava dia a dia, à medida que escasseiam recursos do Executivo para atendimento ao povo, obrigando o vereador, especialmente o do interior, a penosos sacrifícios pessoais. Na tentativa de suprir falhas de toda ordem, transforma-se em improvisado assistente social, solicitado noite e dia, em qualquer tempo, para as mais surpreendentes empreitadas, socorrendo doentes, acudindo a fome e a miséria, organizando e assistindo entidades beneficentes, entidades sociais, entidades religiosas, entidades recreativas, promovendo festas, fazendo enterros, distribuindo bolsas de estudo, apaziguando casais, evitando conflitos de terra, pescando, caçando, arando, plantando, fazendo, enfim, de tudo para ser útil. Sem tempo para a família, sem direito a descanso, não podendo sequer adoecer ou recrear o espírito, atraindo para si todas as mazelas e aflições alheias, enervando--se, adoecendo, envelhecendo, consumindo-se prematuramente no desejo meritório de servir ao próximo, pela obrigação de amenizar o sofrimento daqueles cuja pobreza crônica já matou quase todas as esperanças, só lhes restando a graça de Deus, em cuja generosidade continuam a confiar.

Creio mesmo poder afirmar que em nosso País, no estágio social em que nos encontramos, o vereador interiorano é um verdadeiro trabalhador braçal da política, tocando-lhe sempre o pior, o mais complicado, experimentando as angústias e as incertezas de todos pela imperiosa necessidade de estar sempre presente, de participar, de opinar, de reprimir, de combater, e até de instigar, se for o caso, em situações de grande dramaticidade.

Mas este sincero depoimento da dura realidade nacional não deve constituir motivo de desânimo. Ao contrário, pretende ser um chamamento à luta, uma convocação ao trabalho, uma advertência séria, não só a quem, na capital e no interior, ainda não se tenha compenetrado de seus nobilitantes compromissos perante a comunidade — já que não existe privilégio maior do que ser intérprete e porta-voz dos mais caros sentimentos, ideias e aspirações do povo —, senão ainda aos que, pelo Brasil afora, vão iniciar-se no exercício de um mandato parlamentar, justamente no momento em que a delicadeza da situação do País está a exigir uma patriótica contribuição do Poder Legislativo, em todos os níveis, para a solução da imensa crise que nos abala. Cumpre, portanto, que cada representante do povo tenha a dimensão exata da importância de sua participação na ingente tarefa de recuperação nacional.

O vereador da capital, por sua vez, embora menos sacrificado que seus colegas do interior, tem também sérias atribuições e responsabilidades em relação ao povo, sendo, porém, de outra natureza o seu trabalho, o que não significa dizer menos importante. Tendo de enfrentar a superpopulação urbana e o drama das favelas, o legislador municipal luta, ainda, contra as limitações dos transportes de massa, contra a poluição, contra a violência, contra a falta d'água, contra os loteamentos clandestinos, contra a escassez de saneamento básico contra, enfim, tudo quanto martiriza o homem da cidade, cuidando ainda de resguardar-se contra a ação corrosiva e ulcerosa dos que, inconformados com o império da lei, ora insinuam, ora propõem soluções contrárias à moral para seus projetos megalomaníacos, praticando o mais hediondo crime contra um poder cuja integridade jamais deveria ser posta em dúvida, tal a relevância de sua origem e de sua atuação como o mais legítimo intermediário, no âmbito municipal, entre o povo e o governo.

Camões e a plenitude democrática

"**E** o mar já não existe." Esta é a expressão misteriosa e simbólica com que o vidente de Patmos, em *Apocalipse*, descreve, em um de seus aspectos mais impressionantes, a unidade futura dos povos naquele que já foi chamado "o Reino Unido dos Céus e da Terra". É uma visão profética dos tempos. E os estudiosos das profecias bíblicas costumam descobrir, numa lei a que denominam dupla referência, que as profecias das Escrituras, antes que venham a ter cumprimento pleno e final no terminar dos tempos, de alguma forma se realizam, em sentido natural e humano, como sinal para os homens daquilo que a plenitude das épocas deverá trazer.

Pois um dia, na metade do milênio a cujo final agora chegamos, no abrir destes cinco séculos em cujo encerrar ninguém poderia pressentir que novos céus e nova terra nos iriam mostrar, um povo, pequenino e afoito, *encravado na esquina ocidental da nobre Espanha, onde a terra se acaba e o mar começa*, olhou face a face a imensidão das águas tenebrosas do alto do promontório de Sagres e, aceitando seu destino, fez dessas águas de separação e perigo um novo caminho para um mundo maior e mais unido.

Valeu a pena? Tudo vale a pena se a alma não é

pequena. Nos tempos da cavalaria andante, ensimesmada em glórias particulares, enquanto França e Inglaterra se digladiavam na Guerra dos Cem Anos e povos ilustres da Europa se entretinham na solução de suas rixas intermináveis, já as naus do Infante Sonhador começavam a traçar sobre o oceano, com seu criativo e desafiador *talent de bien faire*, as grandes diagonais do mundo. E nada se fez de aventura ou inconsideradamente. Porfiados estudos de ciência, cartografia, geografia, viagens, cosmografia e técnicas de navegação se fizeram cuidados prioritários da geração dos ínclitos infantes, antes que, *por mares nunca dantes navegados*, a fé e o império — fórmula binômica de se expressar naquele tempo a trilogia dominante da ideologia, comércio e política da expansão dos povos modernos — se dilatassem sobre o mundo largo, numa epopeia da disciplina militar prestante que, não sonhando ou imaginando, senão vendo tratando e pelejando, iria ser a primeira manifestação do homem moderno europeu extrapolando seus limites mediterrâneos e tribais.

Valeu a pena? Nem o próprio Camões, recolhendo temores de Lopes de Castanheda e João de Barros, se furtou às previsões do incerto e incógnito perigo que haveria de rondar a glória de mandar e de possuir, pelo simples desejo do possuir e do mandar. Na impressionante figura do Velho do Restelo, símbolo que dá corpo e alma à sensibilidade e ao juízo da multidão, em seu saber "só de experiências feito", o Poeta Magnífico fez subir a exprobração inútil do povo terra a terra, que ainda assim se deixou conduzir, manipulado pela demagogia e influência subliminar "da glória de mandar, ó vã cobiça/ desta vaidade a que chamamos fama!"

Bem não haviam passado cem anos da arrancada

conquistadora da Ribeira das Naus e da ultrapassagem do cabo Tormentório — dali por diante Boa Esperança chamado —, e bem nesses cem anos não se acabara a geração do Poeta, e ele próprio com ela, a Musa de tuba canora e belicosa se fez eco das lamentações do Velho do Restelo: "Não mais, Musa, não mais, que a lira tenho/ Destemperada e a voz enrouquecida,/ E não do canto, mas de ver que venho/ Cantar a gente surda e endurecida,/ O favor com que mais se acende o engenho/ Não no dá a pátria, não, que está metida/ No gosto da cobiça e na rudeza/ Duma austera, apagada e vil tristeza."[3] Aljubarrota ficou longe... Alcácer Quibir está bem próximo. Um povo, porém, é bem maior que sua história de derrotas e de vitórias. Estas são circunstâncias de ocasião, circunstâncias de política, de administração, de valores por algum tempo tidos por importantes e irrecusáveis. Um povo mede-se por sua gente e pelo destino a que o atrela a grei humana que o compõe.

Ainda que os barões assinalados, os reis e aqueles que por obras valorosas se foram da lei da morte libertando — heróis nominais da Grande Aventura, desde Viriato e Afonso Henriques até os Gama e os Albuquerque — venham colhendo os louros da vitória, da coragem e da devoção à pátria, grande entre os grandes é Portugal, grande, imenso e de permanente significado é o peito ilustre lusitano.

Poeta da Raça, e ele mesmo participante dela, no anonimato do nascimento e da morte, sua voz se levanta, independente e descomprometida, íntegra como juiz, a ninguém poupando dos erros e injustiças cometidos, desde Afonso Henriques, por se levantar contra a

---

3 Camões, Luís de. *Os Lusíadas*. Canto X, Estância 45.

mãe, até D. Manuel, por ter deixado Duarte Pacheco, o Aquiles Lusitano, morrer de miséria num hospital.

Que temerário Poeta é esse que resiste ao espírito áulico do tempo, e de todos os tempos, para dizer ao rei e aos fidalgos que aqueles que governam não são maiores que os governados, e para antecipar, na conturbada Lisboa do absolutismo, as palavras imortais de Lincoln em Gettysburg, "do povo, para o povo e pelo povo"?

Este é o Camões, cujas profundas convicções oposicionistas tanto o fizeram sofrer, ajustando-se perfeitamente aos nossos dias a claridade de seus versos modelares, ainda agora brasão e orgulho de nossa língua e de nossa gente, impondo-se, pois, que entre nós não se esqueça, nesta hora de transição para a plenitude democrática, a clarividência com que, de seu tempo e de todos os tempos, o Poeta traçou, em linhas seguras, a arte de bem governar aqueles que em qualquer tempo se governam.

Relógio de estimação

Após muita relutância, decorrente talvez de minha invencível inibição, aceitei, afinal, convite de um amigo íntimo para um angu à baiana num sítio de sua propriedade, lá para as bandas do sertão da Bahia. Embora arredio quanto a esse tipo de festa, principalmente quando ocorre em dia útil, prevaleceram os argumentos do amigo: não era reunião política, mínimas seriam as despesas de transporte, selecionados os convivas, não haveria discursos.

Não duvidando das informações quanto à natureza do encontro, nem por isso deixei de prevenir-me quanto ao traje, enfiando-me num esporte fino, à altura de qualquer ocasião, ocorrendo-me ostentar também meu relógio de ouro. E esmerei-me tanto na elegância que me atrasei, sendo o último a chegar, o que me proporcionou ruidosa recepção, como acontece sempre aos retardatários.

Surpreso com manifestações tão calorosas quanto imprevistas, percebi que eu era a própria razão de tudo e me emocionei até as lágrimas. Uma multidão de amigos cercava-me, aplaudindo-me como se eu fosse um exilado de volta a casa. Fui caminhando no meio da aglomeração, observando-lhe a pobreza, os gestos, as faces marcadas pelo sofrimento, sinais de subnutrição e pauperismo, tão mal disfarçados naqueles sorrisos em bocas sem dentes. Comecei, então, a refletir sobre a miséria e a urgência em amenizar as dores físicas e espirituais daquela gente tão boa, ainda capaz de sorrir e ovacionar, mesmo curtindo privações, vivendo vida penosa, sob o influxo de uma fé inquebrantável — fé que os abastados perderam há muito.

Confesso que chorei nessa hora, penalizado de ver tantos irmãos a desfilar sua miséria, agravada pela insensibilidade dos que lhes exploram a fraqueza e a necessidade, calcando-se o sobejo de uns na penúria de outros. Chorei, e não me envergonho de tê-lo feito publicamente, sensibilizado com o carinho de quem talvez nada tivesse comido ou para comer naquele dia. E tanto me emocionei com a cena, que, numa pausa, resolvi agradecer a sinceridade daquela gente e não tive dúvidas: fui logo chamando todo mundo de miserável, tal qual o fez um senhor ilustre ao referir-se ao bravo povo do Maranhão, o que provocou protestos imediatos de um maranhense não menos ilustre, alegando ser pejorativo o termo naquelas paragens. Se a palavra é ou não depreciativa por lá, não sei. O fato é que abri o peito, por entre invocações, hipérboles e antíteses, deixando claro que tinha pena de ver pessoas miseráveis batendo palmas, como se estivessem felizes.

Foi o meu azar! O dono da casa não gostou nada, embora continuasse sorrindo, a multidão aplaudiu frouxamente, e os convidados especiais entreolharam-se, espantados. Procurei consertar, lançando a esmo alguns adjetivos a propósito da bravura daquele povo. Lembrei umas frases de Rui Barbosa quando retornou à sua terra natal, mas senti negativa a reação. Mais que depressa encerrei a saudação, propondo irmos para o almoço.

Em meio ao ágape — como diria o Ibrahim Sued —, tive, infelizmente, de interromper a alegria e a loquacidade dos presentes. É que, justamente quando alguém me perguntava as horas, dei por falta de meu relógio de ouro. A princípio, pensei em chamar discretamente o dono da casa e segredar-lhe a triste novidade. Teria sido o mais cavalheiresco. Mas, sendo um relógio de estimação, não me contive: botei a boca no mundo, o que paralisou tudo, interrompendo-se a refeição, colocando-se todos a procurá-lo por todos os cantos, não faltando os que apalpavam os próprios bolsos, pondo-os às vezes para fora, querendo revelar inocência.

Logo depois, por sugestão do dono da casa, chegou a polícia, à frente um delegado, que se curvou respeitosamente diante de mim, passando a fazer algumas perguntas enquanto seus comandados procediam a discreta averiguação, buscando vislumbrar qualquer indício de culpa em cada semblante. Devo dizer que fiquei embaraçado. Em verdade, minha precipitação transformara o tom alegre da reunião, sentindo-se cada convidado um suspeito, o que emudeceu o ambiente. Coube-me, finalmente, dar o caso por encerrado, com o que não concordou o anfitrião, mostrando-se desolado e apreensivo. E, para melhor testemunhar sua indizível melancolia, determinou outras providências, chegando ao exagero de mandar revistar um por um, chamando uma senhora de sua confiança para examinar as demais, pedindo-lhe depois, em segredo, que providenciasse um despacho forte.

Praticamente, não houve mais festa. Ninguém comia, ninguém bebia, ninguém falava, ninguém se atrevia a sair, temendo parecer em fuga. Percebendo o constrangimento geral, o promotor da recepção decidiu antecipar sua oratória, não só enaltecendo o significado daquela confraternização, mas também fazendo alusões a trechos bíblicos, numa clara insinuação sobre o desaparecimento do meu relógio, que acabou atribuindo "às deformações sociais hodiernas, com repercussões na vida espiritual do atribulado *homo sapiens*, que só as benesses e a incorruptibilidade da pós-revolução podem salvar".

E assim, repetindo Monteiro Lobato, posso dizer que "a assembleia terminou no meio de geral consternação". E regressei a casa, lamentando tanto a ida quanto o infausto acontecimento, supondo-o consequência das imprecações que deixara escapar falando àquele povo sofrido, mas valoroso e digno. Seria talvez apenas uma vingança contra minha maneira pouco cordial de demonstrar afeto.

Ao despedir-me dos amigos, pedi-lhes não se preocupassem com o fato, mal dissimulando minha contrariedade. Fui direto para casa. Entrei silenciosamente, causando certa preocupação. Expliquei que não era nada, apenas tinha perdido o relógio durante a viagem, ao que alguém me disse: "Quem sai às pressas, em qualquer circunstância, sempre esquece alguma coisa. Bem que o chamei, mas foi inútil. O relógio está em cima da mesinha de cabeceira, no mesmo lugar de sempre".

Esta obra foi composta em Minion Pro 12/14.
Impressa com miolo em off-set 90g e capa em cartão 250g,
por Createspace/ Amazon